Bitcoin

El Futuro del Dinero y las Finanzas
Descentralizadas Desmitificado

Javier Rodriguez

© Derechos de autor 2023 - Todos los derechos reservados.

El contenido de este libro no puede ser reproducido, duplicado o transmitido sin el permiso escrito directo del autor o del editor.

En ningún caso se responsabilizará al editor o autor por cualquier daño, reparación o pérdida monetaria debido a la información contenida en este libro, ya sea directa o indirectamente.

<u>Aviso Legal:</u>

Este libro está protegido por derechos de autor. Es exclusivamente para uso personal. No puedes modificar, distribuir, vender, utilizar, citar o parafrasear ninguna parte o contenido de este libro sin el consentimiento del autor o del editor.

<u>Aviso de Descargo de Responsabilidad:</u>

Ten en cuenta que la información contenida en este documento es solo con fines educativos y de entretenimiento. Se ha hecho todo el esfuerzo para presentar información precisa, actualizada, confiable y completa. No se hacen declaraciones ni garantías de ningún tipo, explícitas o implícitas. Los lectores reconocen que el autor no está proporcionando asesoramiento legal, financiero, médico o profesional. El contenido de este libro se ha derivado de diversas fuentes. Consulta a un profesional con licencia antes de intentar cualquier técnica descrita en este libro.

Al leer este documento, el lector acepta que en ningún caso el autor es responsable de las pérdidas, ya sean directas o indirectas, que se incurran como resultado del uso de la información contenida en este documento, incluyendo, pero no limitándose a, errores, omisiones o inexactitudes.

Índice

Introducción

Bienvenido a "Bitcoin: El Futuro del Dinero y las Finanzas Descentralizadas Desmitificado". Este libro electrónico lleva a los lectores a una profunda exploración del revolucionario mundo de las monedas digitales y las finanzas descentralizadas (DeFi), con un enfoque en Bitcoin, la más conocida y significativa de todas.

Una revolución financiera que comenzó con la invención de Bitcoin en 2009 sigue teniendo un impacto en cada aspecto de la economía mundial. Bitcoin ha planteado un desafío a las instituciones financieras de larga data, ha generado una intensa discusión entre economistas, inversores, responsables de políticas y personas comunes, y nació a raíz de la crisis financiera global y motivado por el deseo de un sistema financiero más transparente, descentralizado y equitativo. Sin embargo, a pesar de su popularidad, muchas personas aún no comprenden Bitcoin.

Al estudiar la historia de Bitcoin, su tecnología subyacente y su lugar en el creciente campo de las finanzas descentralizadas, este libro electrónico tiene como objetivo desmitificarlo. Está destinado a educar tanto a las personas que no están familiarizadas con el tema como a aquellas que buscan una mejor comprensión de estos conceptos difíciles. Deberías comprender completamente Bitcoin y las posibilidades revolucionarias de las finanzas descentralizadas para cuando termines este libro electrónico.

Comenzaremos examinando el desarrollo del dinero a lo largo de la historia, desde productos físicos hasta monedas digitales. Este viaje histórico nos proporcionará antecedentes importantes para comprender la importancia y necesidad de Bitcoin. Luego, nos sumergiremos en el funcionamiento interno de Bitcoin, analizando cuestiones como la tecnología blockchain, la minería, las transacciones y lo que hace valioso a Bitcoin.

A continuación, exploraremos el mundo de las finanzas descentralizadas, explicando sus ideas fundamentales, actores clave y su potencial para transformar nuestro sistema financiero. Hablaremos sobre cómo se integra Bitcoin en DeFi y examinaremos las implicaciones más amplias para los inversores y la economía mundial en general.

Este libro electrónico no es solo un manual de instrucciones; también es una invitación a participar en un punto de inflexión en la historia financiera. Nunca ha habido un momento más crucial para comprender Bitcoin y su capacidad para influir en nuestro destino financiero que ahora mismo, mientras nos encontramos al borde de una nueva era de finanzas descentralizadas.

Entonces, emprendamos juntos este viaje al núcleo de Bitcoin y las finanzas descentralizadas, ya seas un observador entusiasta, un inversor en ciernes o un profesional experimentado.

CAPÍTULO I

El Nacimiento del Dinero

Historia del Dinero

La evolución del dinero a lo largo de la historia es una historia fascinante del desarrollo social, que muestra cómo pasamos de las sociedades antiguas a las sociedades modernas e internacionalmente interconectadas en las que vivimos hoy en día. Este viaje ilustra cómo los humanos han estado constantemente buscando formas de hacer que el comercio y la actividad económica sean más convenientes, evolucionando desde los sistemas de trueque hasta las modernas monedas digitales.

El sistema de trueque, que antecede al inicio de la historia escrita, fue la base de nuestro sistema financiero. Las comunidades participaban en el intercambio directo de bienes y servicios. Aunque directo, este método tiene sus inconvenientes. La "doble coincidencia de deseos" fue el más significativo. Esto significa que para que un intercambio sea efectivo, ambas partes deben estar simultáneamente interesadas en lo que la otra tiene para ofrecer. El comercio era increíblemente ineficiente y estaba limitado por la falta de una medida común de valor. Debido a estas deficiencias sistémicas, surgió el dinero mercancía como solución al problema.

El trueque fue un paso lógico hacia el dinero mercancía. Involucraba el uso de objetos tangibles que eran valorados por todos. Oro precioso, animales, alimentos e incluso conchas marinas eran las mercancías más utilizadas con frecuencia. El valor intrínseco del producto en sí mismo era la fuente del valor del dinero. Sin embargo, el dinero mercancía se veía obstaculizado por problemas como la divisibilidad, el almacenamiento y la variabilidad de calidad, lo que resultó en la creación de dinero representativo.

Los desafíos del transporte y almacenamiento del dinero mercancía dieron origen al dinero representativo. Con este sistema, una cantidad fija de una mercancía (como oro o plata) estaba representada por fichas físicas que se emitían con frecuencia en forma de monedas o billetes de papel y se guardaban en un banco o caja fuerte. Esta estrategia permitía que el comercio se llevara a cabo sin la necesidad de mover bienes grandes o pesados. El patrón oro, que respaldó numerosas monedas internacionales hasta el siglo 20th, es uno de los ejemplos más conocidos de dinero representativo.

El dinero fiduciario reemplazó significativamente al dinero representativo durante el siglo 20th. El dinero fiduciario es aquel que ha sido legalizado por el gobierno pero no está respaldado por ninguna mercancía física. En cambio, la estabilidad del gobierno emisor y la relación entre la oferta y la demanda determinan el valor del dinero fiduciario. El principal beneficio del dinero fiduciario es que otorga a los gobiernos un mayor control sobre la oferta de dinero, permitiéndoles regular de manera más efectiva fenómenos económicos como la inflación y la deflación.

El crecimiento de las transacciones electrónicas durante la segunda mitad del siglo 20th fue notable. El desarrollo de tarjetas de crédito y el aumento del uso de sistemas bancarios digitales han revolucionado la forma en que se transfiere el dinero, haciéndolo más rápido, más efectivo y más global. Sin embargo, este desarrollo ha cambiado la forma en que accedemos y utilizamos el dinero, no la naturaleza del dinero. El crédito sigue siendo dinero fiduciario mantenido en una cuenta bancaria, incluso si es digital.

El desarrollo de criptomonedas, incluyendo Bitcoin, es la fase más reciente en la evolución del dinero. Después de la crisis financiera mundial, Bitcoin fue introducido en 2009, desafiando los sistemas financieros establecidos al proporcionar una moneda descentralizada que no estaba controlada por una entidad única. La tecnología de blockchain permitió el desarrollo de Bitcoin y otras criptomonedas que le siguieron.

Un nuevo capítulo en la historia del dinero ha comenzado con la aparición de las criptomonedas, que demuestran la viabilidad de un sistema monetario mundial libre de control gubernamental e instituciones financieras establecidas. Aunque los efectos completos de esta revolución digital aún son desconocidos, la velocidad del cambio sugiere que la historia del dinero aún está en desarrollo.

No es solo una exploración de la historia económica rastrear el desarrollo del dinero; también es un reflejo del avance de la civilización humana. Cada etapa de la evolución del dinero, desde la facilidad de uso del trueque hasta la complejidad de las monedas digitales actuales, ha sido motivada por el deseo de avanzar en el comercio, impulsar la actividad económica y, en última instancia, mejorar la vida humana. Con la aparición de las criptomonedas y las finanzas descentralizadas, estamos al borde de una era potencialmente transformadora. Solo se puede especular sobre lo que los capítulos restantes de esta historia puedan revelar.

Friedrich Nietzsche dijo una vez: "Todo se convierte y vuelve eternamente, ¡la escapatoria es imposible!" En este sentido, podría implicar que el desarrollo del dinero podría retroceder sobre sí mismo, llevándonos a una versión contemporánea del sistema de trueque en los intercambios de activos digitales que observamos hoy. A la luz de esto, puede ser más realista pensar en la historia del dinero como un viaje en espiral en lugar de una línea recta, uno que siempre está evolucionando pero que aún refleja sus raíces.

La Evolución desde el Trueque hasta las Transacciones Digitales

Obtener una comprensión de la evolución de las transacciones es esencial para entender el curso de la civilización humana. Nuestros sistemas socioeconómicos se basan en el intercambio de bienes y servicios, lo que moldea las normas sociales, el desarrollo tecnológico y la dinámica cultural. Viajaremos a lo largo de la historia en esta sección, desde los primeros sistemas de trueque hasta los intercambios digitales más avanzados del presente, destacando los cambios sociales, tecnológicos y económicos que han dado forma a nuestros sistemas de intercambio.

El sistema de trueque, que era común en las comunidades antiguas, dependía de intercambios directos no estandarizados de bienes y servicios. En las comunidades antiguas se intercambiaban objetos de valor igualmente reconocido, como ganado, cereales, herramientas o trabajo. Dentro de sociedades pequeñas y aisladas con una gama limitada de necesidades y fuertes lazos interpersonales, este sistema cumplía su propósito. Sin embargo, las ineficiencias inherentes del sistema de trueque surgieron a medida que las sociedades crecieron.

La necesidad de una doble coincidencia de deseos, en la cual cada parte deseaba lo que la otra tenía para ofrecer, fue el principal problema del sistema de trueque. Esta necesidad a menudo resultaba en negociaciones difíciles y acuerdos estancados. La falta de una unidad común de medida de valor causaba la incapacidad para comparar diversos artículos de manera justa. Además, la indivisibilidad de algunos productos (como animales) presentaba un obstáculo grave. Estas limitaciones llevaron al desarrollo del dinero mercancía, una forma de dinero más estandarizada y ampliamente aceptada.

Las transacciones fueron más productivas gracias a la medida estándar de valor proporcionada por el dinero mercancía. Metales preciosos, sal y animales, cuyo valor intrínseco era universalmente reconocido, eran comunes como mercancías utilizadas como dinero. Este concepto simplificó el comercio y eliminó la necesidad de que coincidieran dos deseos.

Sin embargo, el dinero mercancía tenía ciertas desventajas. Su valor estaba correlacionado inversamente con los cambios en la oferta y la demanda de la mercancía, lo que resultaba en precios volátiles. Además, problemas logísticos como la perishabilidad, el almacenamiento y el transporte presentaban dificultades. Además, no todos los artículos eran duraderos o divisibles. Estos desafíos aceleraron el cambio hacia el dinero representativo.

Dinero representativo fue un avance que hizo posible que las personas comerciaran sin intercambiar directamente artículos preciosos. En este sistema, se producían monedas o billetes para simbolizar una cierta cantidad de una mercancía, como oro o plata, almacenada en una caja fuerte o un banco. El patrón oro, en el cual se establecía el valor de una moneda en términos de oro, es el sistema representativo más renombrado.

Este método alivió en gran medida los problemas asociados con el dinero mercancía. Para administrar las reservas y producir monedas o imprimir billetes, era necesaria una autoridad central, pero este requisito planteaba problemas de confianza y gobernanza. La inflexibilidad del dinero representativo empezó a ser un problema a medida que las sociedades y las economías se volvieron más complejas, lo que impulsó el desarrollo del dinero fiduciario.

El dinero fiduciario es aquel que ha sido legalizado por el gobierno pero no está respaldado por ninguna mercancía física. La relación entre la oferta y la demanda, así como la estabilidad del gobierno que emite la moneda, determinan el valor del dinero fiduciario. Al controlar la oferta de dinero, permite a los gobiernos ejercer un control significativo sobre la economía.

El dinero fiduciario, por otro lado, depende de que las personas tengan confianza en el banco central o gobierno que emite la moneda. Cuando hay inestabilidad en la economía, inflación o conflictos políticos, esta confianza se pone a prueba. A medida que la tecnología se desarrollaba y las culturas se volvían más interconectadas, las transacciones empezaron a alejarse del dinero en efectivo real, abriendo la puerta a las transacciones digitales.

Se observó una tendencia significativa hacia las transacciones digitales en la segunda mitad del siglo 20th century. El dinero se volvió cada vez más virtual a medida que las tarjetas de crédito y débito, las transferencias de pagos electrónicos y la banca en línea se volvieron comunes.

Como resultado del desarrollo de la banca móvil, el comercio electrónico, las billeteras digitales y los pagos sin contacto, las transacciones digitales predominan en la actualidad. La velocidad y el volumen de la actividad económica global han aumentado drásticamente debido a las infraestructuras avanzadas que las compañías tecnológicas e instituciones financieras han construido para respaldar transacciones rápidas y seguras.

La aparición de criptomonedas, un tipo de moneda digital o virtual que utiliza la criptografía para su protección, es la fase más reciente en este proceso evolutivo. La cadena de bloques es una tecnología descentralizada utilizada por criptomonedas como Bitcoin, que se distribuye en muchos ordenadores y opera de forma independiente a un banco central. La tecnología de la cadena de bloques organiza y registra transacciones.

Con la capacidad de realizar transacciones de persona a persona sin la intervención de intermediarios, las criptomonedas representan un cambio fundamental en cómo concebimos y utilizamos el dinero. También tienen el potencial de brindar mayor transparencia y reducir la corrupción.

La transición de trueque a transacciones digitales muestra cuán inventivos y adaptables han sido los humanos a lo largo de la historia. Enfatiza nuestra continua búsqueda de economía, seguridad e inclusividad en nuestras interacciones y transacciones económicas. Las características del dinero cambiarán a medida que avance la era digital, influenciadas por nuevos desarrollos tecnológicos y cambiantes demandas sociales. La evolución de las transacciones refleja nuestras cambiantes nociones de valor, confianza e intercambio, y sirve como un monumento a nuestra capacidad de innovar, adaptarnos y transformar sistemas socioeconómicos.

Introducción a las Criptomonedas

Desde la introducción de Bitcoin en 2009, las criptomonedas, encarnación de la evolución financiera, han avanzado significativamente. Ofrecen oportunidades y desafíos financieros antes inimaginables, y constituyen un cambio fundamental respecto a las monedas fiduciarias convencionales. En esta sección se examinan las características básicas de las criptomonedas, junto con sus beneficios, inconvenientes y posibles efectos en el sistema financiero global.

Bitcoin fue la primera criptomoneda, desarrollada por una persona no identificada conocida como Satoshi Nakamoto. En medio de la crisis financiera de 2008, Bitcoin fue creado con el objetivo de construir un dinero digital descentralizado e ingobernable.

En su núcleo, la tecnología de la cadena de bloques impulsa a Bitcoin y otras criptomonedas. Una cadena de bloques es una red global de computadoras que sirve como un libro de contabilidad descentralizado para todos los datos de transacciones, haciendo que todas las transacciones sean transparentes e irreversibles. Las características básicas que distinguen a las criptomonedas de las monedas convencionales son su transparencia y descentralización.

Monedas digitales o virtuales que utilizan criptografía para la seguridad son conocidas como criptomonedas. A diferencia del dinero fiduciario emitido por los gobiernos, las criptomonedas son descentralizadas y frecuentemente operan en un sistema llamado blockchain. Ofrecen una forma innovadora de gestionar las finanzas que se distingue por una gran seguridad, confidencialidad y control. Hoy en día, existen más de 5,000 criptomonedas diferentes, cada una con sus propias características y aplicaciones especiales, incluyendo Ethereum, Ripple y Litecoin.

Existen varias posibles ventajas de las criptomonedas. Proporcionan un sistema financiero democrático y descentralizado que reduce la dependencia de entidades gubernamentales y bancarias. Esta descentralización puede resultar en un sistema financiero global más inclusivo, donde las personas controlan directamente su dinero. Otro beneficio importante es el potencial de reducir los costos de transacción. Sin necesidad de intermediarios como bancos o procesadores de pagos, las criptomonedas pueden facilitar pagos internacionales más asequibles y rápidos. Además, las criptomonedas ofrecen un nivel de privacidad poco común en los sistemas bancarios convencionales. Aunque las transacciones en la cadena de bloques son transparentes, las identidades de las partes involucradas están ocultas, brindando a los consumidores cierto grado de privacidad.

A pesar de su potencial, hay varios problemas e inconvenientes con las criptomonedas. La incertidumbre regulatoria es uno de los mayores obstáculos. Debido a su naturaleza descentralizada, las criptomonedas han estado sujetas a una variedad de leyes en muchas naciones o a ninguna en absoluto. Su uso en actividades ilegales también es un problema serio. Las criptomonedas se han convertido en una forma popular de intercambio para actividades ilícitas como el lavado de dinero y la venta de artículos ilegales debido al anonimato que proporcionan.

Otra preocupación importante es la volatilidad del mercado. Los precios de las criptomonedas pueden fluctuar drásticamente en períodos muy cortos de tiempo. Esta volatilidad puede resultar en pérdidas financieras significativas para comerciantes e inversores. Finalmente, la naturaleza técnica de las criptomonedas crea un peligro de pérdida. Un usuario puede ser incapaz de recuperar el acceso a sus activos de criptomonedas si pierde el control de sus claves criptográficas, lo cual es comparable a perder un PIN o una contraseña.

El futuro de las criptomonedas es un tema muy debatido. Según los partidarios, tienen la capacidad de transformar por completo el sistema financiero, haciéndolo más eficiente, inclusivo y justo. Imaginan un momento en el que las criptomonedas sean aceptadas como un método de pago común y la tecnología de cadena de bloques subyacente que las impulsa se utilice ampliamente debido a su seguridad y transparencia en diversos negocios. Por otro lado, los escépticos advierten que, debido a su volatilidad y falta de control, las criptomonedas podrían causar inestabilidad económica. También generan preocupaciones sobre cómo pueden facilitar actividades ilícitas.

Un desarrollo notable en nuestro sistema financiero es la criptomoneda. Su estructura descentralizada ofrece una atractiva alternativa a los sistemas bancarios convencionales, al igual que la posibilidad de una alta seguridad, transacciones rápidas y anonimato. Sin embargo, estos posibles beneficios vienen acompañados de riesgos y dificultades considerable que deben abordarse. Comprender los mecanismos, ventajas y riesgos de las criptomonedas es crucial mientras nos encontramos en el punto de inflexión de esta revolución financiera digital. Las criptomonedas, con todo su potencial y complejidad, probablemente desempeñarán un papel cada vez más significativo a medida que nuestros sistemas financieros continúen desarrollándose.

CAPÍTULO II

Comprendiendo Bitcoin

El Génesis de Bitcoin

Ha habido pocas innovaciones en los anales de la historia financiera que hayan sido tan disruptivas y transformadoras como Bitcoin. Bitcoin fue la primera criptomoneda exitosa jamás creada, y su creación marcó un cambio de paradigma en los sistemas monetarios del mundo. Este cambio allanó el camino para una nueva era de finanzas digitales descentralizadas. Esta sección examina los orígenes y el desarrollo de Bitcoin, abarcando desde sus fundamentos filosóficos hasta su uso técnico.

El movimiento Cypherpunk de finales del siglo 20th es donde se encuentran los orígenes de Bitcoin. Los defensores del uso de la criptografía como herramienta para la transformación social y política eran conocidos como cypherpunks. Consideraban que las monedas digitales descentralizadas eran una forma de defender este derecho en un entorno cada vez más digital y creían que la privacidad era un derecho humano fundamental. Iniciativas de moneda digital como DigiCash de David Chaum y b-money de Wei Dai se llevaron a cabo en la década de 1990, pero no tuvieron éxito en lograr una adopción generalizada. El "problema de doble gasto", en el que un usuario podría gastar la misma moneda virtual más de una vez, fue el principal obstáculo. Una entidad (o entidades) relacionada con Satoshi Nakamoto ofrecería la solución a este problema.

Publicado en octubre de 2008 bajo el seudónimo Satoshi Nakamoto, un documento técnico titulado "Bitcoin: Un Sistema de Efectivo Electrónico Peer-to-Peer" fue escrito por una persona o grupo desconocido. El documento técnico describía un mecanismo para una moneda digital descentralizada llamada Bitcoin que utilizaba la tecnología de cadena de bloques para resolver el problema del doble gasto. El diseño de Bitcoin fue revolucionario porque proporcionaba una forma de realizar transacciones sin necesidad de un banco u otra autoridad confiable. Sugirió un sistema en el que las transacciones se registrarían en un libro mayor distribuido (blockchain) y serían validadas por usuarios de la red (mineros), garantizando transparencia, seguridad e inmutabilidad.

El 3 de enero de 2009, Nakamoto minó el Bloque Génesis, también conocido como Bloque 0, lanzando la red Bitcoin. Este primer bloque tiene el mensaje críptico "The Times 03/ene/2009 Chancellor on brink of second bailout for banks" ("The Times 03/ene/2009 El canciller al borde del segundo rescate para los bancos"). Esta declaración, que citaba un titular de The Times, fue interpretada como una crítica a la inestabilidad del sistema bancario establecido. Se tenía la intención de una cantidad máxima de 21 millones de monedas. Computadoras potentes compiten para resolver problemas matemáticos desafiantes con el fin de controlar el suministro a través de un proceso conocido como minería. El ganador agrega un nuevo bloque a la cadena de bloques y recibe una cantidad fija de bitcoins como recompensa. La terminología se refiere al proceso de simular la minería de metales preciosos.

Bitcoin era prácticamente desconocido para el público en general en sus primeros años y era utilizado principalmente por entusiastas de la informática. Cuando un programador llamado Laszlo Hanyecz pagó 10,000 bitcoins por dos pizzas en mayo de 2010, fue el primer uso comercial conocido de Bitcoin. Pero a medida que la gente se fue dando más cuenta de ello, Bitcoin empezó a ganar popularidad. Para 2013, ya había generado conciencia sobre las criptomonedas y las tecnologías de cadena de bloques a nivel mundial. El valor de Bitcoin se disparó y comenzó a ser visto más como un posible activo financiero que simplemente como un tipo de moneda digital. La escrutinio regulatorio, las fluctuaciones extremas de precios y las preocupaciones sobre su uso en actividades ilegales son solo algunas de las considerables dificultades que Bitcoin ha enfrentado (y continúa enfrentando) a pesar de su creciente popularidad.

Gavin Andresen, un miembro de la comunidad de Bitcoin, asumió la gestión del proyecto de Nakamoto en diciembre de 2010. Después de esto, el papel de Nakamoto en el proyecto llegó a su fin y, hasta el día de hoy, la identidad del creador de la criptomoneda sigue siendo un misterio.

Una nueva era en la banca digital comenzó con la invención de Bitcoin. Su innovadora tecnología de cadena de bloques y organización descentralizada supusieron una amenaza para los sistemas financieros establecidos y provocaron una discusión global sobre la naturaleza del dinero. A pesar de su reputación controvertida y de diversos desafíos, Bitcoin ha impulsado un movimiento global a favor de las criptomonedas y puede haber marcado el camino para el futuro de la industria financiera. La importancia del origen de Bitcoin se vuelve cada vez más evidente a medida que avanza el siglo XXI; no fue solo el comienzo de una nueva moneda, sino también el inicio de una revolución tecnológica y financiera innovadora.

Comprendiendo la Tecnología de la Cadena de Bloques

La tecnología de la cadena de bloques ha surgido como una fuerza disruptiva que desafía sistemas establecidos y redefine lo que significa confianza y transparencia. Sus aplicaciones se extienden a muchas otras industrias, abriendo nuevas opciones para un registro seguro, descentralizado e inmutable. Esta sección se sumerge en las complejidades de la tecnología de la cadena de bloques, examinando sus ideas subyacentes, elementos, ventajas, desventajas y posibles efectos a largo plazo.

La cadena de bloques, en su esencia, es un libro de contabilidad distribuido que registra una colección en constante expansión de datos llamados bloques, que están conectados en una cadena. Este sistema descentralizado garantiza que ninguna parte única tenga autoridad sobre toda la red y proporciona resistencia a la manipulación. En cambio, un mecanismo de consenso es utilizado por numerosos participantes, conocidos como nodos, para validar y verificar transacciones.

El funcionamiento de la tecnología de la cadena de bloques depende de varios componentes y procedimientos esenciales. La red recibe transmisiones de transacciones, que luego se recopilan y organizan en bloques. Para añadir un nuevo bloque a la cadena, los mineros, las personas a cargo de mantener la cadena de bloques, compiten para encontrar soluciones a desafiantes acertijos matemáticos. Cuando se agrega un bloque, la red lo propaga, y cada usuario actualiza su copia de la cadena de bloques.

Los mecanismos de consenso, como Prueba de Trabajo (PoW) o Prueba de Participación (PoS), son esenciales para preservar el acuerdo entre los participantes. PoS distribuye el poder de minería según las participaciones de los miembros en la red, mientras que PoW obliga a los mineros a resolver acertijos computacionalmente desafiantes.

En comparación con los métodos convencionales de registro, la tecnología de la cadena de bloques difiere de ellos en varios aspectos importantes. En primer lugar, la cadena de bloques es descentralizada, asegurando que ninguna entidad única tenga autoridad sobre ella y fomentando una red democrática y robusta. Su inmutabilidad proporciona un alto nivel de integridad de datos, lo que hace que sea casi difícil cambiar o eliminar datos una vez que se han registrado en la cadena de bloques. En tercer lugar, la transparencia de la cadena de bloques permite que todas las transacciones sean visibles para los participantes, mejorando la responsabilidad y fomentando la confianza. Por último, pero no menos importante, los mecanismos de seguridad basados en criptografía de la cadena de bloques dificultan que actores malintencionados modifiquen los datos.

El potencial de la cadena de bloques va mucho más allá de las transacciones financieras. Numerosos sectores han estado investigando sus posibilidades después de darse cuenta de lo transformadora que puede ser. La cadena de bloques puede mejorar la transparencia y trazabilidad en la gestión de la cadena de suministro, permitiendo a los clientes seguir el recorrido de un producto desde su origen hasta su destino final. La cadena de bloques puede acelerar procedimientos como reclamaciones de seguros y ensayos clínicos, asegurar registros de pacientes y promover la interoperabilidad de datos en la industria de la salud. La seguridad y equidad en las elecciones pueden mejorarse con el uso de tecnologías de votación basadas en la cadena de bloques. Los contratos inteligentes permiten acuerdos automatizados e inalterables, lo que elimina la necesidad de intermediarios en diversas empresas. Además, la cadena de bloques puede ofrecer identidades digitales seguras, simplificando los procedimientos de verificación de identificación y protegiendo datos personales sensibles.

A pesar de su potencial, existen varios problemas y limitaciones con la tecnología blockchain. La estructura descentralizada de la tecnología podría llevar a velocidades más lentas en el procesamiento de transacciones, por lo tanto, la escalabilidad sigue siendo un desafío importante. Se plantean preocupaciones sobre la sostenibilidad debido a los requisitos energéticos de las técnicas de consenso de prueba de trabajo. El entorno legal y regulatorio que rodea a blockchain está en constante desarrollo, lo que afecta a su adopción y uso. Para que la tecnología blockchain sea ampliamente utilizada, es crucial que múltiples redes de blockchain se comuniquen entre sí, ya que los sistemas aislados limitan el potencial de la tecnología.

Las posibles aplicaciones de la tecnología blockchain son ilimitadas y revolucionarias. La tecnología tiene la capacidad de transformar industrias enteras, promover la inclusión económica y alterar fundamentalmente la forma en que nos comunicamos y hacemos negocios a medida que se desarrolla y supera sus obstáculos. Podría fomentar la transparencia y la confianza en varios sectores al tiempo que brinda a las personas un mayor control sobre sus datos y activos.

La tecnología blockchain ha provocado una transformación significativa en la forma en que concebimos la confianza, la transparencia y el registro de información. Debido a su naturaleza descentralizada, inmutable y transparente, tiene la capacidad de transformar las operaciones empresariales, perturbar industrias enteras y otorgar a las personas niveles sin precedentes de poder. El futuro de la tecnología, las finanzas y las relaciones sociales indudablemente se verá fuertemente influenciado por la evolución y las nuevas aplicaciones de la blockchain.

Cómo Funciona Bitcoin

La primera moneda digital descentralizada en el mundo, Bitcoin, ha capturado el interés de personas, empresas y gobiernos de todo el mundo. Comprender la influencia transformadora de Bitcoin en las finanzas y las implicaciones más amplias de la tecnología blockchain es esencial para entender cómo opera. La complejidad de Bitcoin se examina en esta sección, junto con sus principios rectores, métodos de transacción, medidas de seguridad y el papel de los mineros en preservar la integridad de la red.

Las ideas revolucionarias que Satoshi Nakamoto, o quienquiera que haya inventado Bitcoin bajo su seudónimo, introdujo forman la base de la moneda digital. La cadena de bloques, la seguridad criptográfica y la descentralización son los tres pilares principales de Bitcoin.

La naturaleza descentralizada de Bitcoin es fundamental para su estructura. Los sistemas monetarios tradicionales dependen de una autoridad centralizada para autenticar y llevar un registro de las transacciones, como los bancos o los gobiernos. Por otro lado, en lugar de requerir intermediarios, Bitcoin permite a los usuarios comerciar directamente entre sí.

Bitcoin utiliza métodos criptográficos para garantizar la confidencialidad y seguridad de las transacciones. Con el uso de la criptografía de clave pública, los usuarios pueden crear dos claves criptográficas: una clave pública que está disponible para todos y una clave privada que solo ellos conocen. Para garantizar la autenticidad e integridad, las transacciones se firman con una clave privada y se validan con una clave pública correspondiente.

La cadena de bloques, un libro de contabilidad distribuido que registra todas las transacciones, está en el núcleo de Bitcoin. Una cadena de bloques está compuesta por bloques, cada uno conteniendo una colección de transacciones confirmadas. Cada bloque forma una cadena inmutable con un identificador exclusivo, una marca de tiempo y una referencia al bloque anterior.

El valor se transfiere de un usuario a otro durante una transacción de bitcoin. Al agrupar estas transacciones en bloques y agregarlos a la cadena de bloques, se crea un registro permanente. Los tres pasos principales del proceso de transacción son la generación de la transacción, la verificación de la transacción y la confirmación de la transacción.

El remitente construye una entrada que se refiere a bitcoins no gastados de transacciones anteriores y especifica la cantidad a entregar para generar una transacción de Bitcoin. La salida especifica la dirección de Bitcoin del destinatario y la cantidad asociada a pagar. Al utilizar su clave privada para firmar la transacción, el remitente se asegura de que solo ellos puedan utilizar las entradas designadas.

Una vez creada, una transacción se difunde a la red de Bitcoin. Los usuarios de la red, conocidos como mineros, compiten entre sí para confirmar y verificar las transacciones. El minado es el proceso mediante el cual los mineros buscan soluciones a problemas matemáticos difíciles que satisfacen criterios predeterminados.

La red es informada de una solución una vez que ha sido descubierta por un minero. Para garantizar la autenticidad de la solución, más mineros la confirman. El bloque se agrega a la cadena de bloques y las transacciones que contiene se consideran confirmadas una vez que la mayoría de los mineros han llegado a un acuerdo sobre la solución. La seguridad y la inmutabilidad de las transacciones se fortalecen aún más con cada nuevo bloque que se añade a la cadena.

La estabilidad de la red de Bitcoin depende crucialmente de los esfuerzos de los mineros. Dedican potencia computacional a la resolución de desafiantes acertijos matemáticos, fortaleciendo el proceso de consenso y resguardando la cadena de bloques. Los Bitcoins recién creados y las tarifas de transacción se añaden a los bloques que los mineros exitosos producen como compensación por su trabajo.

Debido a su naturaleza descentralizada y principios criptográficos, Bitcoin es seguro. Ninguna entidad única puede gestionar o controlar la red debido a su estructura descentralizada. Los métodos criptográficos utilizados protegen contra la manipulación, falsificaciones y accesos ilegales. Debido a la inmutabilidad de la cadena de bloques, es casi imposible cambiar o eliminar transacciones que ya han sido registradas.

Aunque Bitcoin ha demostrado su resistencia y potencial, todavía hay problemas que deben resolverse antes de que pueda ser ampliamente utilizado. Dado que la red solo maneja un cierto número de transacciones por segundo, la escalabilidad es un desafío importante. La Red Lightning es una solución que busca abordar este problema y permitir transacciones más rápidas y asequibles.

Bitcoin simboliza un cambio de paradigma en las finanzas porque es una forma descentralizada de moneda. Su diseño innovador, basado en la descentralización, la seguridad criptográfica y la cadena de bloques, proporciona un sistema sin necesidad de confianza. Esto elimina la necesidad de intermediarios y permite transacciones directas entre individuos. Comprender el funcionamiento de Bitcoin, desde la creación y verificación de transacciones hasta la función de los mineros, ofrece perspectivas sobre su potencial transformador y abre la puerta a la exploración de usos adicionales basados en la cadena de bloques. A medida que Bitcoin se desarrolla y madura, es probable que su influencia en el sistema financiero y en el mundo en general aumente, contribuyendo a dar forma al rumbo de las finanzas digitales.

CAPÍTULO III

Minería y Transacciones

Cómo Funciona la Minería de Bitcoin

La base de la primera moneda digital descentralizada en el mundo, la minería de Bitcoin es un proceso complejo y esencial que mantiene la seguridad e integridad de la red de Bitcoin. Comprender los mecanismos subyacentes que permiten la generación y verificación de nuevas transacciones requiere un conocimiento profundo de cómo opera la minería de Bitcoin. La complejidad de la minería de Bitcoin se examina en esta sección, junto con el procedimiento, el papel de los mineros, el mecanismo de consenso y sus implicaciones para el ecosistema más amplio de criptomonedas.

La producción de nuevos Bitcoins y la autenticación de transacciones son las dos funciones principales de la minería de Bitcoin. Las personas que participan en la minería dedican su potencia computacional para resolver problemas matemáticos difíciles. A cambio, reciben Bitcoins recién creados y tarifas de transacción. Este procedimiento incentiva a los mineros a contribuir a la seguridad y estabilidad de la red.

La Prueba de Trabajo (PoW) es el algoritmo de consenso utilizado en la minería de bitcoin. Una función hash es un rompecabezas matemático computacionalmente desafiante que los mineros deben resolver para participar en la PoW. La prueba, también conocida como la solución, debe cumplir con requisitos específicos establecidos por la red. Los mineros aportan potencia de procesamiento a la red, mantienen el consenso y protegen la cadena de bloques resolviendo estos acertijos.

La minería de Bitcoin depende en gran medida de las funciones hash. Una función hash crea una salida única de longitud fija a partir de una entrada, como datos de transacciones o un bloque. En Bitcoin se utiliza la función SHA-256 (Algoritmo de Hash Seguro de 256 bits). El resultado de aplicar la función hash a los datos de un bloque es un hash de bloque, que sirve como identidad única del bloque. Encontrar un valor de hash específico que cumpla con los requisitos de la red es el objetivo de los mineros.

Durante el proceso de minería se construyen nuevos bloques y se verifican transacciones. Los mineros recopilan transacciones no confirmadas de la red y las ensamblan en bloques. Luego, comienzan a buscar un valor de hash que, cuando se agrega a otros datos del bloque, genere un hash que cumpla con los requisitos predefinidos. Esto implica repetir el proceso de hash con diversas entradas hasta que se descubre un hash válido, lo cual consume una gran cantidad de potencia computacional.

La red de Bitcoin modifica con frecuencia la dificultad de minería para mantener una tasa constante de génesis de bloques. El esfuerzo computacional necesario para encontrar un hash confiable se representa mediante el nivel de dificultad. Para mantener un flujo constante de nuevos bloques, la dificultad aumenta a medida que más mineros se unen a la red. En cambio, la dificultad disminuye si los mineros abandonan la red para evitar tiempos de creación de bloques excesivamente largos.

Los mineros individuales de Bitcoin tienen dificultades para encontrar bloques válidos y recolectar recompensas debido a la creciente dificultad y competencia en la industria. Los grupos de minería ofrecen una solución al permitir que los mineros combinen su potencia computacional y trabajen en equipo. Los mineros mejoran sus probabilidades de extraer bloques con éxito y obtener una parte de las recompensas basadas en su contribución al combinar sus recursos.

A los mineros que crean nuevos bloques con éxito se les otorga Bitcoin como recompensa. Inicialmente, la recompensa se estableció en 50 Bitcoins por cada bloque. Sin embargo, la red utiliza un mecanismo conocido como "halving" para reducir la cantidad total de Bitcoins. La recompensa por bloque se reduce a la mitad aproximadamente cada cuatro años. En la actualidad, la recompensa es de 6.25 Bitcoins por cada bloque. También se pagan a los mineros las tarifas de transacción de las transacciones incluidas en los bloques que crean.

Más allá de la emisión de nuevos Bitcoins, los efectos de la minería se extienden ampliamente. Es esencial para preservar la descentralización y la seguridad de la red. Al confirmar transacciones y proteger el mecanismo de consenso, la potencia computacional proporcionada por los mineros protege la integridad de la cadena de bloques. Como guardianes, los mineros previenen el fraude y sostienen la reputación de la red por su confiabilidad.

Un problema notable es el enorme consumo de energía de la minería de Bitcoin. Preocupaciones sobre la sostenibilidad a largo plazo de la minería y su impacto ambiental surgen debido al considerable consumo de electricidad necesario para la potencia computacional requerida en la minería. Se están desarrollando soluciones de minería que ahorran energía, mientras que se investigan procedimientos de consenso menos intensivos en energía, como la Prueba de Participación (PoS, por sus siglas en inglés) y otros.

La minería de Bitcoin ha cambiado drásticamente con el tiempo. Inicialmente, las computadoras personales podían manejarlo, pero a medida que la red evolucionaba y la minería se volvía más compleja, surgieron hardware especializado conocido como ASIC (Circuitos Integrados Específicos de la Aplicación). La competencia entre los mineros se intensifica con los ASIC, que están diseñados expresamente para la minería de Bitcoin y ofrecen mucha más potencia de procesamiento.

La base de la moneda digital descentralizada, la minería de Bitcoin sostiene la seguridad y confiabilidad de la red. Los mineros dedican potencia computacional para resolver desafiantes acertijos matemáticos, aprobar transacciones y agregar nuevos bloques a la cadena de bloques mediante el algoritmo de consenso Prueba de Trabajo. La importancia de los mineros en la preservación de la integridad de la red y el estado dinámico de las tecnologías mineras se resaltan al comprender las complejidades de la minería de Bitcoin. El proceso de minería dará forma al futuro de las monedas basadas en blockchain y al panorama financiero más amplio a medida que el ecosistema de criptomonedas continúa evolucionando.

Verificación de Transacciones y Registro de Datos

La base de cualquier sistema financiero es la verificación de transacciones y el registro de datos, lo cual sostiene la corrección, confiabilidad y transparencia de las transacciones económicas. El proceso de verificación y registro de datos adquiere una nueva dimensión en el mundo de las transacciones digitales, donde las redes descentralizadas asumen el papel de intermediarios tradicionales. La complejidad de la verificación de transacciones y el registro de datos en la era digital se examina en esta sección. Se exploran los mecanismos subyacentes, la función de los algoritmos de consenso y las implicaciones para la seguridad, privacidad y desarrollo de los sistemas financieros.

La etapa crucial para garantizar la legitimidad y autenticidad de las transacciones digitales es la verificación de transacciones. Al prevenir el doble gasto, o el uso del mismo activo digital en transacciones repetidas, se garantiza que los participantes puedan confiar en la precisión de sus transacciones. La verificación de transacciones se realiza para construir la confianza de los participantes y mantener la integridad del sistema.

Los algoritmos de consenso son esenciales para la verificación de transacciones y el registro de datos en sistemas digitales descentralizados. Estos algoritmos permiten que los usuarios de la red lleguen a un acuerdo sobre el estado del sistema y determinen si una transacción es legítima. Actualmente existen diversos algoritmos de consenso, cada uno con una estrategia única para alcanzar un consenso y preservar la seguridad de la red.

El proceso de consenso Prueba de Trabajo (PoW) de Bitcoin obliga a los usuarios, conocidos como "mineros", a resolver acertijos matemáticos computacionalmente desafiantes. La red está asegurada y la verificación de transacciones es facilitada por los mineros, quienes dedican potencia computacional y compiten para encontrar la mejor solución. La cadena válida más larga es elegida por la mayoría de los participantes, y el consenso se forma cuando el primer minero en identificar una solución agrega un nuevo bloque de transacciones confirmadas a la cadena de bloques.

Un proceso de consenso alternativo llamado Prueba de Participación (PoS) elige validadores basándose en su participación o posesión de la criptomoneda nativa. Según su participación en la red, se selecciona a los validadores para construir nuevos bloques y validar transacciones. Los algoritmos de PoS buscan ser más escalables y utilizar menos energía que los algoritmos de PoW. Sanciones financieras en caso de comportamiento malicioso incentivan a los usuarios a proteger la integridad de la red.

La cadena de bloques, un libro de contabilidad distribuido que mantiene un registro cronológico e inmutable de todas las transacciones, facilita el registro de transacciones en sistemas digitales. Una cadena de bloques, cada una conteniendo un conjunto de transacciones confirmadas, conforma la cadena de bloques. La integridad y transparencia del sistema se garantizan una vez que un bloque se añade a la cadena de bloques, volviéndose muy difícil cambiar o manipular las transacciones que fueron registradas.

La tecnología blockchain puede ser utilizada tanto en contextos públicos como privados. Cualquiera puede participar y verificar transacciones en blockchains públicas como Bitcoin y Ethereum. Debido a la estructura descentralizada de la red, ofrecen transparencia y seguridad. Por otro lado, las blockchains privadas solo son accesibles para un pequeño número de usuarios y ofrecen un mayor nivel de privacidad y gestión de red. Las blockchains privadas se utilizan con frecuencia en situaciones empresariales donde mantener la confidencialidad es importante.

En sistemas digitales, existen diversas dificultades y factores a tener en cuenta al verificar transacciones y almacenar registros. La escalabilidad es un problema importante, ya que la técnica de consenso o el diseño del sistema pueden tener un límite en la cantidad de transacciones que se pueden completar por segundo. Como resultado de la necesidad de equilibrar la preservación de información sensible y mantener la auditabilidad en transacciones digitales, también se debe manejar cuidadosamente el equilibrio entre privacidad y transparencia.

La introducción de transacciones digitales y la tecnología subyacente para el registro y la verificación podría provocar una revolución en los sistemas financieros. La estructura descentralizada de estos sistemas reduce la necesidad de intermediarios, aumenta la accesibilidad y proporciona más seguridad y transparencia. La incorporación de tecnologías innovadoras como contratos inteligentes y aplicaciones de finanzas descentralizadas (DeFi) amplía el potencial de innovación en la verificación de transacciones y el registro.

La confianza en las transacciones digitales se construye sobre los pilares fundamentales de la verificación de transacciones y el registro de datos. El futuro de transacciones digitales seguras y transparentes se forma a partir del papel que desempeñan los algoritmos de consenso, la inmutabilidad de la cadena de bloques y el cambiante panorama del sistema financiero. Establecer confianza y fomentar el desarrollo de las finanzas digitales dependerá de mantener la integridad, privacidad y escalabilidad en la verificación de transacciones y el registro de datos, a medida que continuamos aprovechando las oportunidades proporcionadas por las redes descentralizadas y la tecnología futura.

El Rol de los Mineros

En el mundo de los sistemas digitales descentralizados, los mineros son esenciales para preservar la confiabilidad, seguridad e integridad de la red. Los mineros dedican potencia computacional y compiten para resolver desafiantes acertijos como participantes en algoritmos de consenso, contribuyendo a la verificación de transacciones, la producción de bloques y la estabilidad del sistema. Esta sección investiga la diversa función de los mineros, resaltando su importancia, motivaciones, dificultades e implicaciones para el ecosistema más amplio de las criptomonedas.

Las redes digitales descentralizadas no pueden funcionar ni ser seguras sin los mineros, quienes actúan como la base de estas redes. Los mineros respaldan la verificación de transacciones, evitan el doble gasto y protegen la red contra actividades delictivas al dedicar recursos computacionales y participar activamente en algoritmos de consenso. Su capacidad de cómputo asegura la confiabilidad del sistema y establece una base para el consenso entre los participantes.

La creación de bloques y la verificación de transacciones son dos de las principales responsabilidades de los mineros. Los mineros recopilan transacciones no confirmadas de la red y las empaquetan en bloques. Luego compiten para encontrar la mejor solución a acertijos computacionalmente desafiantes en un esfuerzo por satisfacer los requisitos de la red. La integridad de las transacciones registradas se asegura al agregar el nuevo bloque a la cadena de bloques después de que un minero resuelve con éxito el acertijo.

Los algoritmos de consenso brindan incentivos a los mineros para contribuir con potencia computacional y mantener la seguridad de la red. Los sistemas de Prueba de Trabajo (PoW) como el de Bitcoin compensan a los mineros por sus esfuerzos con moneda recién creada, como Bitcoin, y tarifas de transacción. Estos beneficios actúan como un incentivo financiero para garantizar la participación y la integridad de los mineros en la red.

Los mineros individuales tienen dificultades para extraer bloques con éxito y obtener recompensas a medida que aumenta la dificultad de la minería. Al permitir que los mineros combinen sus recursos computacionales y trabajen en equipo, los grupos de minería ofrecen una solución. Los participantes en los grupos de minería aumentan sus posibilidades de extraer bloques con éxito y obtener una parte de las recompensas basadas en su participación al combinar su potencia de cómputo.

La seguridad e integridad de las redes digitales descentralizadas se mantienen crucialmente gracias a la potencia computacional proporcionada por los mineros. La red está protegida contra ataques debido al consenso alcanzado a lo largo del proceso de minería, lo que también garantiza que las transacciones fraudulentas sean rechazadas y se evite el doble gasto. Los mineros, que actúan como guardianes, validan transacciones y protegen al sistema de actividades maliciosas.

Debido a su considerable consumo de energía, la minería de bitcoin en particular ha recibido atención. Preocupaciones sobre la sostenibilidad a largo plazo de la minería y su impacto ambiental surgen debido al considerable consumo de electricidad necesario para la potencia computacional requerida en la minería. Para resolver estos problemas, los esfuerzos en curso se centran en crear métodos de minería más eficientes en energía e investigar procedimientos de consenso alternativos, como la prueba de participación (PoS).

La industria minera es bastante competitiva y presenta numerosas dificultades para los mineros. Se vuelve más difícil extraer nuevos bloques y recibir recompensas a medida que la red se expande y la minería se vuelve más complicada. Para ser competitivos, los mineros deben invertir dinero en hardware especializado como circuitos integrados específicos de la aplicación (ASIC). Además, a medida que las operaciones mineras más grandes combinan una considerable potencia computacional, aumenta el riesgo de centralización, comprometiendo posiblemente la naturaleza descentralizada de la red.

La minería ha cambiado con el tiempo en reacción a factores de mercado, avances tecnológicos y el desarrollo de algoritmos de consenso. La introducción de algoritmos de consenso alternativos, como la prueba de participación (PoS), proporciona métodos alternativos para alcanzar consenso utilizando menos energía. Se espera que la función de los mineros cambie a medida que se desarrolla el ecosistema de criptomonedas, y podrían surgir nuevas técnicas de minería.

En sistemas digitales descentralizados, los mineros son esenciales para mantener la integridad, seguridad y confiabilidad de la red. Los mineros contribuyen a la verificación de transacciones y sostienen la integridad de las transacciones digitales mediante su capacidad informática, participación en procedimientos de consenso y construcción de bloques. Para preservar el carácter descentralizado y la sostenibilidad de la minería, será necesario abordar problemas como el consumo de energía y la competitividad a medida que cambie el entorno. La posición de los mineros en el ecosistema de criptomonedas seguirá influyendo en el desarrollo de la moneda digital y la difusión de tecnologías descentralizadas.

CAPÍTULO IV

El Valor de Bitcoin

Por qué Bitcoin tiene Valor

La primera moneda digital descentralizada en el mundo, Bitcoin, ha captado el interés de inversores, consumidores e instituciones financieras de todo el mundo. Desentrañar el misterio de por qué Bitcoin tiene valor es esencial para comprender su importancia. El valor de Bitcoin se deriva de diversos factores, incluyendo la escasez, utilidad, adopción, confianza, especulación de mercado y comparaciones con otros activos, a diferencia de las monedas tradicionales respaldadas por gobiernos o activos físicos. En esta sección, se abordan los fundamentos teóricos del valor de Bitcoin, junto con las implicaciones para el ecosistema más amplio de las criptomonedas.

La escasez de Bitcoin es uno de los principales factores que influyen en su valor. La oferta de Bitcoin está limitada a 21 millones de monedas, a diferencia de las monedas fiduciarias, que pueden crearse según sea necesario. Debido a la oferta estrictamente limitada incorporada en el protocolo de Bitcoin, es imposible que alguien influya en la tasa de inflación o sobresature el mercado. La presencia de escasez genera un entorno en el que la demanda puede superar a la oferta, lo que resulta en un aumento en el valor de cada Bitcoin individual. Las características de Bitcoin como reserva de valor se ven influenciadas por el calendario planificado de emisión y la imposibilidad de aumentar arbitrariamente la oferta.

El uso de Bitcoin como método de pago digital aumenta significativamente su valor. Las transacciones peer-to-peer son posibles debido a su naturaleza descentralizada, que elimina la necesidad de intermediarios como bancos o gobiernos. Bitcoin es atractivo para transferencias transfronterizas, compras en línea y micropagos, ya que permite transacciones rápidas, sin fronteras y económicas. La utilidad de Bitcoin como un sustituto viable de los métodos de pago establecidos aumenta su atractivo y, como resultado, su valor de mercado. La facilidad y eficacia de utilizar

Bitcoin para transacciones aumenta su atractivo para aquellos que buscan independencia financiera y para aquellos excluidos de las instituciones bancarias convencionales.

Bitcoin se valora con frecuencia como una reserva de valor, similar al oro u otros metales preciosos. Bitcoin ofrece a las personas una forma de protegerse contra la inflación y conservar su riqueza debido a que es un activo digital descentralizado. Algunas personas ven a Bitcoin como una cobertura contra los sistemas financieros convencionales y las monedas respaldadas por gobiernos que podrían ser vulnerables a las presiones inflacionarias debido a su cantidad limitada y su naturaleza descentralizada. Cuando las personas buscan alternativas a las opciones de inversión convencionales, pueden ver a Bitcoin como un activo refugio, especialmente durante tiempos económicos inciertos.

La adopción de Bitcoin y sus efectos de red tienen un impacto significativo en su valor. La utilidad y el valor percibido de Bitcoin crecen a medida que más personas, empresas y organizaciones lo adoptan. Los efectos de red describen el fenómeno en el que el valor de una red o plataforma aumenta a medida que se unen más usuarios. El valor de Bitcoin se ve impulsado por su creciente uso, el bucle de retroalimentación positiva creado por los efectos de red y su creciente base de usuarios y aceptación como medio de pago. Debido a su creciente aceptación y liquidez, Bitcoin se vuelve más valioso para los usuarios a medida que se vuelve más popular.

El valor de cualquier moneda está fuertemente influenciado por la confianza. El valor de Bitcoin se basa en la confianza en su tecnología subyacente, la confidencialidad de las transacciones y la estructura descentralizada de su red. Los participantes son más propensos a confiar entre ellos debido a la transparencia e inmutabilidad de la cadena de bloques, así como a los procedimientos de consenso que garantizan la autenticidad de las transacciones. El hecho de que Bitcoin no esté gobernado por una entidad única aumenta su valor e inspira confianza en su resistencia.

La estructura descentralizada de Bitcoin elimina la necesidad de intermediarios, reduce el riesgo de censura y otorga a los usuarios autoridad sobre sus fondos.

Además, la especulación del mercado y el sentimiento de los inversores tienen un impacto en el valor de Bitcoin. Bitcoin atrae a operadores y especuladores que desean obtener ganancias de las fluctuaciones de precios debido a que es un activo relativamente nuevo e inestable. El valor de Bitcoin puede ser fuertemente afectado por la opinión pública, que puede ser influenciada por cambios regulatorios, adopción institucional, cobertura mediática, tendencias macroeconómicas y mejoras tecnológicas. Las fluctuaciones de precios a corto plazo están influenciadas por las fuerzas del mercado y las decisiones de los inversores, pero no siempre corresponden al valor intrínseco de Bitcoin a largo plazo. Sin embargo, debido a su alta volatilidad, Bitcoin puede tanto atraer a inversores en busca de rendimientos significativos como alejar a aquellos que son adversos al riesgo.

El valor percibido de Bitcoin se ve influenciado por comparaciones con activos conocidos como el oro o la moneda fiduciaria. Las personas pueden comprender mejor el valor y el potencial de Bitcoin al hacer comparaciones y analogías con los sistemas financieros convencionales. Por ejemplo, algunos han comparado Bitcoin con el oro, que durante mucho tiempo se considera una reserva de valor debido a su cantidad limitada y su carácter descentralizado. La Ley de Metcalfe, que sostiene que el valor de una red es proporcional al cuadrado de sus usuarios, ofrece además un marco para comprender cómo los efectos de red y la aceptación de Bitcoin contribuyen al aumento de su valor. Se crea un bucle de retroalimentación positiva cuando más personas y organizaciones utilizan Bitcoin, aumentando el valor general de la red y mejorando su propuesta de valor.

El valor de Bitcoin no está exento de riesgos y dificultades. Su valor percibido puede verse afectado por variables como su volatilidad de precios, incertidumbre regulatoria, limitaciones tecnológicas, competencia de otras criptomonedas, posibles violaciones de seguridad y problemas de escalabilidad. Dada la posibilidad de grandes fluctuaciones de precios que pueden resultar en ganancias o pérdidas significativas, la alta volatilidad de Bitcoin presenta tanto oportunidades como riesgos. El valor de Bitcoin también puede ser afectado por medidas regulatorias y la participación del gobierno, ya que restricciones o cambios en los marcos legales para su uso podrían afectar el sentimiento de los inversores y la adopción. Para abordar y mejorar la infraestructura de Bitcoin, pueden ser necesarios avances continuos en tecnología para abordar problemas como la escalabilidad y el uso de energía.

La escasez, utilidad, adopción, confianza, especulación del mercado y comparaciones con otros activos contribuyen al valor de Bitcoin. Su valor percibido como un activo digital se ve influenciado por su oferta limitada, naturaleza descentralizada, utilidad como sistema de pago digital, cualidades como reserva de valor y efectos de red. Comprender las razones que respaldan el valor de Bitcoin es esencial para apreciar su importancia como una fuerza transformadora en las finanzas y la creciente aceptación de las criptomonedas a medida que continúa desarrollándose y madurando. Aunque existen riesgos y dificultades, los fundamentos del valor de Bitcoin presentan un sólido argumento a favor de su importancia sostenida y su capacidad para cambiar el rumbo de las finanzas globales.

Bitcoin como Reserva de Valor

La primera moneda digital descentralizada en el mundo, Bitcoin, ha suscitado mucho interés como una posible reserva de valor. Activos como el oro o bienes raíces han servido tradicionalmente como reservas de valor, protegiendo la riqueza con el tiempo. Bitcoin desafía esta idea y se posiciona como un sustituto digital debido a sus propiedades distintivas. Esta sección examina qué hace que Bitcoin sea una posible reserva de valor, qué obstáculos debe superar y qué significa esto para el sistema financiero en general.

La escasez de Bitcoin es uno de los principales factores que influyen en su percepción como reserva de valor. La cantidad de bitcoins disponibles está limitada a 21 millones y se distribuyen según un calendario predeterminado. Debido a la cantidad restringida, existe escasez en el mundo digital, otorgando a cada Bitcoin un valor intrínseco. El suministro finito de Bitcoin evita que su valor se deprecie con el tiempo, a diferencia de las monedas fiduciarias que los bancos centrales pueden inflar. La oferta limitada de Bitcoin aumenta su potencial como reserva de valor, ya que las personas desean comprar y mantener activos con oferta limitada.

La naturaleza descentralizada de Bitcoin potencia su capacidad como reserva de valor. Bitcoin funciona en una red descentralizada de computadoras, a diferencia de los sistemas financieros convencionales, que están controlados por una sola institución. Esta descentralización elimina la posibilidad de interferencia, censura o manipulación por parte del gobierno. Los participantes pueden confiar en que sus tenencias de Bitcoin están seguras e inmunes a variables económicas o políticas que podrían disminuir el valor de los activos tradicionales. La característica descentralizada de Bitcoin refuerza sus cualidades como reserva de valor al proporcionar a las personas un activo confiable e incorruptible.

Su idoneidad como reserva de valor se ve mejorada por la divisibilidad y portabilidad del bitcoin. Debido a que cada Bitcoin se puede dividir hasta en ocho lugares decimales, puede utilizarse para microtransacciones y, por lo tanto, está disponible para personas de todos los niveles financieros.

Debido a su divisibilidad, Bitcoin puede manejar una amplia gama de tamaños de transacción y aún así mantener su fungibilidad. Además, las carteras digitales facilitan el acceso a Bitcoin a nivel mundial y su movimiento a través de fronteras. Debido a su falta de fronteras, desmantela obstáculos derivados de los costos de almacenamiento y transporte físico en las reservas de valor tradicionales. Al proporcionar a las personas una forma conveniente y segura de mantener y transferir riqueza, la simplicidad para transferir y almacenar Bitcoin aumenta su potencial como reserva de valor.

La propuesta de reserva de valor de Bitcoin se ve fortalecida por la transparencia y auditabilidad ofrecidas por la tecnología de blockchain. Cualquier persona puede verificar la historia y autenticidad de cada Bitcoin al acceder a los registros públicos de cada transacción realizada en la cadena de bloques. Esta transparencia fomenta la confianza y protege la integridad de la red. Su credibilidad como reserva de valor se ve aumentada por la capacidad de los participantes para confirmar de manera independiente la escasez, propiedad e historial de transacciones de cualquier Bitcoin. Las personas confían en la capacidad de Bitcoin para almacenar valor porque es posible auditar transacciones y confirmar su legitimidad.

Bitcoin reduce significativamente el riesgo de contraparte, o el riesgo relacionado con la confiabilidad de las partes involucradas en la propiedad o custodia de un activo. Las reservas de valor tradicionales, como acciones u bonos, dependen de intermediarios confiables para el almacenamiento. Sin embargo, el uso de Bitcoin permite a las personas controlar completamente sus activos sin depender de terceros. Al prescindir de intermediarios, Bitcoin reduce la posibilidad de robo, fraude o incumplimiento del custodio, lo que aumenta su atractivo como reserva de valor. Las personas pueden mantener y asegurar directamente sus tenencias de Bitcoin, disminuyendo su exposición al riesgo de contraparte y fortaleciendo su confianza en el valor a largo plazo del activo.

La aceptación en el mercado y el rendimiento histórico de Bitcoin respaldan su potencial como reserva de valor. Desde su lanzamiento, Bitcoin ha experimentado un aumento significativo en su precio, atrayendo a inversionistas en busca de rendimientos potenciales. La legitimidad y liquidez de Bitcoin se ven respaldadas por las instituciones y negocios que lo aceptan como forma de pago. La profundidad y estabilidad del mercado de Bitcoin crecen a medida que más organizaciones lo reconocen y lo utilizan, fortaleciendo su posición como una reserva de valor confiable. Las personas confían en el potencial a largo plazo de Bitcoin como reserva de valor debido a su historial de crecimiento de valor y su creciente integración en los sistemas financieros tradicionales.

Al evaluar el potencial de Bitcoin como reserva de valor, es necesario tener en cuenta su volatilidad y los factores de riesgo relacionados. El precio de Bitcoin es propenso a grandes fluctuaciones debido a que todavía es un activo relativamente nuevo y emergente. En lapsos de tiempo breves, su valor de mercado puede experimentar aumentos o disminuciones abruptas. Aquellas personas que buscan una reserva de valor estable deben ser conscientes de los riesgos asociados con la alta volatilidad. Algunos argumentan que el potencial de apreciación a largo plazo de Bitcoin supera su volatilidad a corto plazo. Además, a medida que el mercado de Bitcoin se desarrolla y aumenta el interés institucional, su volatilidad ha disminuido con el tiempo.

El entorno legal y regulatorio que rodea a Bitcoin tiene un impacto en su capacidad para actuar como reserva de valor. Las regulaciones, intervenciones gubernamentales y sistemas legales pueden afectar la aceptación y liquidez del mercado de Bitcoin. La incertidumbre sobre el estatus de Bitcoin como reserva de valor se agrava por la falta de regulaciones uniformes ampliamente aceptadas. Sin embargo, una mayor claridad regulatoria y una adopción generalizada pueden reducir estas preocupaciones y respaldar la estabilidad de su valor percibido. El desarrollo de marcos regulatorios y el establecimiento de leyes que brinden protecciones a los inversionistas pueden fortalecer la posición de Bitcoin como una reserva de valor confiable y regulada.

El potencial de Bitcoin como reserva de valor enfrenta varios obstáculos. Su estabilidad de valor puede verse afectada por problemas de escalabilidad, uso de energía, desarrollos tecnológicos, competencia de otras criptomonedas y sentimiento del mercado. La necesidad de gestionar volúmenes crecientes de transacciones manteniendo bajas tarifas y tiempos de confirmación rápidos da lugar a preocupaciones sobre la escalabilidad. Debido a las altas demandas computacionales de la minería de Bitcoin, el consumo de energía es un problema importante. La Lightning Network es un ejemplo de un avance tecnológico que busca abordar los problemas de escalabilidad y eficiencia energética. La dominancia de Bitcoin en el mercado y su potencial como reserva de valor pueden verse afectados por la competencia de otras criptomonedas con características comparables o mejoradas. Finalmente, la percepción de la estabilidad del valor de Bitcoin puede ser afectada por el sentimiento del mercado, que puede estar influenciado por factores externos como acciones gubernamentales o recesiones económicas. A pesar de estas dificultades, aún hay esperanza para el futuro de Bitcoin como reserva de valor. Estos problemas pueden resolverse y se puede crear un entorno más estable para Bitcoin como reserva de valor a través de avances tecnológicos continuos, apoyo institucional y una adopción más amplia.

Debido a sus cualidades distintivas, como su riesgo limitado de contraparte, descentralización, divisibilidad, transparencia, rendimiento histórico y aceptación en el mercado, Bitcoin tiene el potencial de servir como reserva de valor. Su escasez, estructura descentralizada, utilidad como sistema de pago digital y creciente aceptación por parte de organizaciones y empresas contribuyen a su atractivo. Sin embargo, existen obstáculos que dificultan el potencial de Bitcoin como reserva de valor, como la volatilidad, problemas legales y regulatorios, limitaciones tecnológicas y la competencia de otras criptomonedas. Para que Bitcoin cumpla su potencial como reserva de valor, deberá superar estos obstáculos y consolidar aún más su legitimidad en el sistema financiero en general. El futuro de Bitcoin como una reserva de valor confiable y reconocida se moldeará mediante el desarrollo continuo de infraestructuras, marcos regulatorios y aceptación en el mercado.

Análisis de Mercado y Fluctuación de Precios

Debido a su volatilidad de precios, Bitcoin, la primera moneda digital descentralizada, ha captado mucha atención. Para los inversionistas y entusiastas que buscan navegar por el panorama de las criptomonedas, el análisis de mercado y la comprensión de las fluctuaciones de precios son esenciales. En esta sección se aborda un análisis de mercado en profundidad, junto con las variables que afectan al movimiento de precios de Bitcoin y sus implicaciones para traders, inversionistas y el ecosistema más amplio de criptomonedas.

El mercado en el que Bitcoin opera es dinámico y frecuentemente volátil, afectado por diversos factores. Su estructura descentralizada, oferta limitada, demanda del mercado, cambios regulatorios, avances tecnológicos, tendencias macroeconómicas y sentimiento de los inversionistas trabajan en conjunto para influir en la dinámica del mercado y causar fluctuaciones de precios. Para analizar el mercado de Bitcoin y tomar decisiones acertadas, es crucial comprender estos factores.

Se utilizan diferentes métodos en el análisis de mercado para arrojar luz sobre las fluctuaciones de precio de Bitcoin. Al examinar sus elementos subyacentes, como la adopción de la red, los avances tecnológicos, el entorno regulatorio y la demanda del mercado, el análisis fundamental determina el valor intrínseco de Bitcoin. El objetivo del análisis técnico, por otro lado, es prever movimientos futuros de precios mediante el análisis de patrones históricos de precios, gráficos e indicadores matemáticos. Tanto el análisis fundamental como el técnico proporcionan perspectivas esclarecedoras que ayudan a los traders a comprender el mercado y tomar decisiones de trading acertadas.

La fluctuación del precio de Bitcoin está significativamente influenciada por el principio económico básico de oferta y demanda. Con una oferta máxima de 21 millones de monedas, Bitcoin crea un efecto de escasez que impulsa al alza el precio. El precio de Bitcoin tiende a aumentar a medida que crece la demanda de personas, organizaciones o naciones. Por otro lado, el precio tiende a disminuir cuando cambia la oferta o la demanda. La base de los cambios de precio de Bitcoin es la interacción entre las dinámicas de oferta y demanda.

El entorno regulatorio y las políticas gubernamentales tienen un gran impacto en cuánto cambia el precio de Bitcoin. Las regulaciones pueden ser marcos de apoyo que fomentan la adopción o políticas restrictivas que obstaculizan su expansión. La volatilidad de precios puede ser causada por noticias sobre restricciones gubernamentales, prohibiciones, leyes fiscales o decisiones legales significativas relacionadas con Bitcoin. Los inversionistas prestan mucha atención a los desarrollos regulatorios porque influyen en el sentimiento del mercado y en la viabilidad a largo plazo de Bitcoin.

Los desarrollos tecnológicos e innovaciones en el ecosistema de Bitcoin también tienen un impacto en las fluctuaciones de precios. La escalabilidad, la velocidad de las transacciones, la privacidad y las mejoras en la seguridad pueden aumentar la utilidad de Bitcoin y atraer a nuevos usuarios. De manera similar, la aparición de nuevos casos de uso, como soluciones de capa dos o aplicaciones de finanzas descentralizadas (DeFi), pueden generar demanda y impulsar el sentimiento, lo que lleva a un aumento en el precio. La trayectoria del precio de Bitcoin podría estar significativamente influenciada por el avance tecnológico y la innovación.

Las fluctuaciones de precio de Bitcoin están significativamente influenciadas por variables macroeconómicas y el sentimiento de los inversionistas. Los inversionistas pueden recurrir a Bitcoin como un activo refugio percibido o cobertura contra sistemas financieros convencionales en respuesta a crisis económicas, eventos geopolíticos, presiones inflacionarias o políticas de bancos centrales. El sentimiento de los inversionistas puede resultar en bucles de retroalimentación que magnifican cambios de precio debido a la cobertura mediática, especulación del mercado y comportamiento colectivo. El precio de Bitcoin cambia frecuentemente en respuesta a datos macroeconómicos, lo que refleja cuán valioso creen los inversionistas que es en relación con otros activos financieros.

Las fluctuaciones de precio de Bitcoin también son influenciadas por la manipulación del mercado y la liquidez. En comparación con los mercados financieros tradicionales, el mercado de Bitcoin es relativamente pequeño, lo que lo hace vulnerable a la manipulación de precios por parte de partes con recursos financieros sustanciales. Técnicas como el spoofing, esquemas de bombeo y descarga, y otras formas de manipulación de precios pueden dar lugar a breves aumentos o caídas de precio. Además, la liquidez, es decir, la facilidad con la que se puede comprar o vender Bitcoin sin afectar significativamente su precio, desempeña un papel crítico en el mantenimiento de la estabilidad de precios. Movimientos de precio exagerados pueden surgir por falta de liquidez, especialmente durante períodos de alta volatilidad.

Los inversionistas y traders que participan en el mercado de Bitcoin deben comprender el análisis de mercado y la volatilidad de precios. Las estrategias de inversión y la gestión de riesgos pueden influirse mediante un análisis exhaustivo de factores fundamentales, indicadores técnicos y el sentimiento del mercado. Mientras que los traders a corto plazo pueden depender más del análisis técnico y el sentimiento del mercado para obtener beneficios de los movimientos de precios, los inversionistas a largo plazo pueden concentrarse en el valor intrínseco de Bitcoin, las tendencias de adopción y el avance tecnológico. Es crucial implementar técnicas efectivas de gestión de riesgos, como la diversificación y las órdenes de stop-loss, para reducir la volatilidad inherente y los riesgos asociados con el trading de Bitcoin.

Las fluctuaciones de precio de Bitcoin están fuertemente influenciadas por la especulación y los comportamientos de los inversionistas. Inversionistas minoristas, traders institucionales y especuladores son solo algunos de los participantes atraídos al mercado de criptomonedas. El sentimiento del mercado puede causar una volatilidad de precio significativa, ya que se ve influenciado por noticias, redes sociales y comportamientos generales. Burbujas o caídas de precio pueden resultar de una especulación excesiva motivada por el miedo o la codicia. Por esta razón, navegar por el mercado de Bitcoin requiere comprender el comportamiento de los inversionistas, la capacidad para separar el ruido a corto plazo del valor a largo plazo, y la capacidad para mantener un enfoque de inversión disciplinado.

El análisis de mercado y la volatilidad de precio de Bitcoin son fenómenos complejos influenciados por diversos factores. La trayectoria del precio de Bitcoin se ve afectada por una variedad de elementos, que incluyen dinámicas de oferta y demanda, cambios regulatorios, avances tecnológicos, factores macroeconómicos, manipulación del mercado y sentimiento de los inversionistas. Los participantes pueden comprender el mercado y tomar decisiones acertadas mediante el uso de análisis de mercado, que incorpora enfoques tanto fundamentales como técnicos. Para navegar por el mercado de Bitcoin y gestionar los riesgos asociados, es esencial que los inversionistas y traders comprendan las implicaciones de las fluctuaciones de precio. La investigación y análisis continuos mejorarán el conocimiento de las dinámicas del mercado de Bitcoin y su lugar dentro del panorama financiero más amplio a medida que se desarrolla el ecosistema de criptomonedas.

CAPÍTULO V

Riesgos y Desafíos

Volatilidad y Riesgos del Mercado

La primera moneda digital descentralizada, Bitcoin, es conocida por su volatilidad de precios. Bitcoin se negocia en el mercado de criptomonedas, caracterizado por precios volátiles y otros riesgos de mercado. En esta sección se examinan las implicaciones para inversionistas, traders y el ecosistema de criptomonedas en general, al adentrarse en las complejidades de la volatilidad y los riesgos del mercado, investigar las causas de las fluctuaciones de precio de Bitcoin y considerar posibles soluciones.

La magnitud de los cambios de precios en un período de tiempo determinado se denomina volatilidad. En comparación con activos convencionales como acciones o monedas fiduciarias, Bitcoin tiene una volatilidad mucho más alta. El tamaño de mercado relativamente pequeño de Bitcoin, la ausencia de valor intrínseco, las incertidumbres regulatorias, el sentimiento de los inversores y la naturaleza dinámica del ecosistema de criptomonedas son algunos de los factores que contribuyen a su volatilidad.

La facilidad con la que un activo puede ser comprado o vendido sin cambiar significativamente su precio, o liquidez del mercado, es un factor clave en la volatilidad de Bitcoin. Bitcoin es más vulnerable a los choques de liquidez que los mercados financieros tradicionales debido a su tamaño de mercado más pequeño. Cambios significativos en el precio pueden resultar de grandes órdenes de compra o venta, especialmente cuando hay poca actividad comercial o profundidad en el libro de órdenes. La volatilidad del precio puede empeorar en mercados ilíquidos, lo que también aumenta el riesgo de deslizamiento durante las operaciones.

La volatilidad de Bitcoin está significativamente influenciada por el sentimiento del mercado, que se alimenta de emociones como el miedo, la codicia o la incertidumbre. Los inversores pueden reaccionar emocionalmente ante eventos de noticias, decisiones regulatorias, indicadores macroeconómicos y percepciones públicas. Noticias positivas pueden llevar a períodos de optimismo y crecimiento de precios, como la adopción institucional o el respaldo regulatorio. Por otro lado, noticias negativas pueden causar miedo y provocar caídas de precios. Ejemplos incluyen fallas de seguridad o represiones regulatorias. Un aumento en la volatilidad puede deberse a factores emocionales que generan bucles de retroalimentación que amplifican los movimientos de precios.

La volatilidad de Bitcoin está significativamente influenciada por riesgos regulatorios y legales. Como moneda digital descentralizada, Bitcoin opera en un entorno regulado que es tanto complejo como dinámico. Cambios en la regulación, acciones gubernamentales o decisiones judiciales pueden tener un impacto en el sentimiento del mercado y provocar cambios en el precio. La incertidumbre sobre la posición legal de Bitcoin en diversas jurisdicciones puede obstaculizar la adopción y aumentar la volatilidad. Los participantes del mercado están atentos a los cambios regulatorios para anticipar posibles riesgos y cómo podrían afectar el precio de Bitcoin.

El ecosistema de criptomonedas está lleno de riesgos tecnológicos e innovación, lo que contribuye a la volatilidad de Bitcoin. Bitcoin es susceptible a vulnerabilidades tecnológicas, errores de software y actualizaciones de red debido a que es una tecnología en desarrollo. Dificultades técnicas como problemas de escalabilidad o cuestiones de seguridad pueden afectar la volatilidad del precio y provocar reacciones en el mercado. Pero también existen oportunidades para reducir riesgos y mejorar a largo plazo la estabilidad del ecosistema de criptomonedas gracias al desarrollo tecnológico y la innovación.

Otro factor que aumenta la volatilidad de Bitcoin es la manipulación del mercado. El mercado de criptomonedas es en gran parte no regulado, lo que lo hace susceptible a la manipulación por parte de entidades con recursos financieros sustanciales. Estrategias como el spoofing, esquemas de bombeo y descarte, y otras prácticas manipulativas pueden causar cambios artificiales en el precio y engañar a los participantes del mercado. Además, factores externos como eventos macroeconómicos, inestabilidad geopolítica o crisis financieras pueden afectar la volatilidad del precio de Bitcoin. Al tomar decisiones de negociación, los inversores deben tener en cuenta estos factores externos y proceder con precaución.

Para los traders e inversores, la volatilidad de Bitcoin ofrece tanto oportunidades como riesgos. Pueden producirse cambios significativos en el precio como resultado de la volatilidad, brindando oportunidades de beneficio potencial para los traders que participan en especulaciones a corto plazo. Sin embargo, es importante recordar que la volatilidad conlleva algunos riesgos inherentes. Si no se implementan estrategias adecuadas de gestión de riesgos, las caídas inesperadas en el precio pueden resultar en pérdidas sustanciales. Para navegar por la volatilidad y beneficiarse del crecimiento potencial de la criptomoneda, los inversores con una perspectiva a largo plazo deben concentrarse en las ventajas fundamentales de Bitcoin, los avances tecnológicos y las tendencias de adopción.

Implementar estrategias sólidas de gestión de riesgos es necesario para manejar los riesgos relacionados con la volatilidad de Bitcoin. La exposición de una cartera a la volatilidad de Bitcoin se puede reducir mediante la diversificación en diversas clases de activos. Los riesgos a la baja pueden disminuirse mediante la implementación de estrategias de cobertura o estableciendo órdenes de stop-loss apropiadas. Además, los inversores y traders pueden navegar de manera más exitosa la volatilidad de Bitcoin mediante la realización de estudios exhaustivos, manteniéndose al tanto de los desarrollos del mercado y manteniendo un enfoque de inversión disciplinado.

Se espera que el mercado de criptomonedas se vuelva más estable a medida que se desarrolla. La volatilidad a largo plazo de Bitcoin puede disminuir mediante la participación institucional, la claridad regulatoria, una infraestructura de mercado mejorada y un aumento en la adopción. Sin embargo, la estabilidad del mercado no implica que la volatilidad desaparecerá por completo, ya que las propiedades distintivas de las criptomonedas y la naturaleza dinámica del mercado seguirán teniendo un impacto en los cambios de precio.

La característica definitoria del mercado de criptomonedas es la volatilidad de Bitcoin. Las fluctuaciones de precio de Bitcoin se ven influenciadas por diversas variables, como la liquidez del mercado, el sentimiento, los riesgos regulatorios, las dificultades tecnológicas, la manipulación del mercado y las influencias externas. Para inversores y traders que intentan navegar el panorama de las criptomonedas, es esencial comprender las implicaciones de la volatilidad. Los riesgos relacionados con la volatilidad de Bitcoin se pueden reducir mediante la aplicación de estrategias adecuadas de gestión de riesgos, monitoreando los desarrollos del mercado y manteniendo una perspectiva a largo plazo. Se espera que aumente la madurez y estabilidad del mercado a medida que el ecosistema de criptomonedas continúa desarrollándose, brindando oportunidades para los inversores y promoviendo una mayor adopción de las criptomonedas en el sistema financiero global.

Riesgos de seguridad y fraude

La primera moneda digital descentralizada, Bitcoin, tiene muchos beneficios pero también es vulnerable a riesgos de fraude y seguridad. Como activo digital, Bitcoin depende de redes descentralizadas y tecnología criptográfica para mantener la seguridad. Amenazas como hackeos, phishing, estafas y problemas regulatorios, sin embargo, ponen en riesgo los fondos de los usuarios y el ecosistema más amplio de las criptomonedas. Esta sección examina los riesgos de seguridad y fraude relacionados con Bitcoin, analiza las vulnerabilidades subyacentes y habla sobre las precauciones que deben tomarse en un entorno digital que cambia rápidamente.

En el ecosistema de Bitcoin, la seguridad es de suma importancia. Aunque la naturaleza descentralizada de Bitcoin elimina la necesidad de intermediarios como los bancos, también coloca toda la responsabilidad de la seguridad del dinero en los usuarios.

Debido a que las transacciones de Bitcoin son irreversibles, cualquier fallo de seguridad o fraude podría resultar en pérdidas irreparables. Por lo tanto, para salvaguardar las tenencias de Bitcoin y preservar la confianza en la criptomoneda, es crucial comprender y poner en práctica medidas de seguridad sólidas.

Los usuarios de Bitcoin están expuestos a una variedad de ciberamenazas que podrían comprometer la seguridad de su dinero. Para obtener acceso no autorizado a Bitcoin, ataques de hacking como phishing, malware y ransomware se dirigen a las carteras, intercambios u otras soluciones de almacenamiento de las personas. Estos ataques aprovechan vulnerabilidades de software, errores humanos o técnicas de ingeniería social. Los usuarios deben estar atentos para proteger sus claves privadas, utilizar carteras seguras de software y hardware, y mantenerse al tanto de nuevos riesgos de seguridad.

Las violaciones de seguridad ocurren con frecuencia en los intercambios de Bitcoin, donde los usuarios pueden comprar, vender e intercambiar la criptomoneda. Una parte considerable de Bitcoin se guarda en billeteras en línea (hot wallets) accesibles por intercambios centralizados, que actúan como custodios de los fondos de los usuarios. Los intercambios son vulnerables a intentos de hackeo debido al único punto de fallo creado por este almacenamiento centralizado. Los usuarios deben elegir cuidadosamente intercambios confiables que tengan autenticación de múltiples factores y almacenamiento en frío de fondos como parte de sus protocolos de seguridad.

Debido a la popularidad de Bitcoin, ahora existen numerosos esquemas fraudulentos que se aprovechan de los crédulos. La industria de las criptomonedas está llena de esquemas Ponzi, oportunidades de inversión falsas, fraudes en ofertas iniciales de monedas (ICO) y esquemas de bombeo y descarte. Estas estafas pueden causar pérdidas financieras importantes al aprovechar el deseo de las personas de obtener dinero rápido. Los usuarios deben tener precaución, realizar su investigación y desconfiar de ofertas que parezcan demasiado buenas para ser verdad.

El panorama de seguridad de Bitcoin se complica aún más con obstáculos legislativos y riesgos legales. Es difícil aplicar la protección al consumidor y responsabilizar a los infractores debido a la falta de regulaciones uniformes y ampliamente aceptadas. Diferentes jurisdicciones tienen leyes distintas que regulan Bitcoin, dejando a usuarios y empresas en la incertidumbre. La seguridad y legitimidad de las actividades relacionadas con Bitcoin pueden verse afectadas por intervenciones regulatorias o cambios abruptos en las políticas gubernamentales.

El principio central de la seguridad de Bitcoin es la autogestión, en la cual los usuarios retienen el control total sobre sus claves privadas y fondos. Los usuarios reducen el riesgo de hackeos o insolvencia de intercambios al controlar sus claves privadas, eliminando la necesidad de depender de custodios de terceros. Sin embargo, la autogestión conlleva responsabilidades adicionales, como implementar planes de respaldo y almacenar de forma segura las claves privadas. Para proteger su Bitcoin, los usuarios deben estar al tanto de las mejores prácticas para la gestión de claves y utilizar hardware seguro o billeteras de papel.

Para reducir los riesgos de seguridad y fraude asociados con Bitcoin, la educación y la conciencia del usuario son esenciales. El error humano o la ignorancia son causas comunes de violaciones de seguridad. Los usuarios deben familiarizarse con procedimientos de seguridad fundamentales, como mantener buenos hábitos de contraseñas, identificar estafas de phishing y confirmar la legitimidad de sitios web o software antes de ingresar datos sensibles. Asegurar las tenencias de Bitcoin implica mantenerse informado sobre nuevas amenazas y procedimientos de seguridad recomendados.

Para que el sector de las criptomonedas aborde de manera efectiva los riesgos de seguridad, la cooperación es crucial. La creación de normas, recomendaciones y estándares de la industria puede fomentar que los usuarios, organizaciones e intercambios actúen de manera segura. Expertos tecnológicos, asociaciones industriales y organismos reguladores pueden colaborar para crear marcos que aborden problemas de seguridad al mismo tiempo que protegen a los usuarios y fomentan la innovación.

Los avances tecnológicos tienen el potencial de fortalecer la seguridad de Bitcoin y abordar las vulnerabilidades existentes. La seguridad de las transacciones y el almacenamiento de Bitcoin puede fortalecerse mediante innovaciones como billeteras de múltiples firmas, módulos de seguridad de hardware, soluciones de identidad descentralizada y tecnologías que mejoran la privacidad.

Un ecosistema de Bitcoin más seguro y robusto puede resultar de la investigación y desarrollo continuos en estas áreas.

El ecosistema de Bitcoin está lleno de riesgos de seguridad y fraudes, lo que hace necesario contar con fuertes salvaguardias para proteger los fondos y preservar la confianza en la moneda digital. Obstáculos significativos incluyen riesgos de ciberseguridad, vulnerabilidades en los intercambios, fraudes, restricciones gubernamentales y riesgos legales. Sin embargo, la comunidad de Bitcoin puede reducir estos riesgos implementando procedimientos de seguridad adecuados, participando en la custodia propia, fomentando la educación y conciencia del usuario, y promoviendo la cooperación dentro del sector. La seguridad de Bitcoin se fortalecerá aún más con desarrollos tecnológicos y la adopción de estándares de la industria, asegurando su supervivencia en el entorno digital que cambia rápidamente. Proteger a Bitcoin es esencial tanto para los usuarios individuales como para la aceptación general de las criptomonedas como un método confiable y seguro de transferencia de valor.

Riesgos Regulatorios y Legales

El panorama regulatorio en el cual opera Bitcoin, la primera moneda digital descentralizada, es complejo. Para los reguladores en todo el mundo, la naturaleza disruptiva de Bitcoin presenta desafíos y oportunidades especiales. Esta sección examina las posibles implicaciones regulatorias y legales de Bitcoin, analiza la complejidad del entorno regulatorio y discute los efectos en los usuarios, las empresas y el ecosistema más amplio de las criptomonedas.

El entorno regulatorio para Bitcoin varía considerablemente entre diferentes jurisdicciones. Algunas naciones aceptan Bitcoin y otras criptomonedas, ofreciendo un entorno regulatorio favorable que fomenta la innovación y protege a los consumidores. Algunas personas adoptan una postura cautelosa, tratando de controlar y gestionar los riesgos asociados con las criptomonedas. Mientras tanto, algunas naciones han implementado pautas estrictas o prohibiciones directas sobre Bitcoin. El entorno regulatorio fragmentado dificulta que las personas y las empresas utilicen Bitcoin a escala global.

Los reguladores abordan Bitcoin con una variedad de objetivos y preocupaciones en mente. Buscan lograr un equilibrio entre la promoción de la innovación y el avance tecnológico, y las demandas de protección al consumidor, estabilidad financiera, combate al lavado de dinero y contrarrestar el financiamiento del terrorismo. La protección al inversionista, la manipulación del mercado, la prevención del fraude, la tributación y el impacto potencial de las criptomonedas en los sistemas financieros convencionales son algunas de las preocupaciones regulatorias. Los reguladores deben lograr delicadamente el equilibrio adecuado entre fomentar la innovación y la regulación.

Las regulaciones relacionadas con el Conoce a Tu Cliente (KYC) y la Lucha contra el Lavado de Dinero (AML) desempeñan un papel importante en el marco regulatorio de Bitcoin. Según las regulaciones de AML, las criptomonedas no deben utilizarse con fines ilegales, como el lavado de dinero y el financiamiento del terrorismo. Para reducir los riesgos asociados con el anonimato, las regulaciones de KYC exigen que los proveedores de servicios de criptomonedas confirmen las identidades de sus clientes. Las empresas involucradas en la industria de las criptomonedas suelen enfrentar obligaciones de informe, requisitos de mantenimiento de registros y procedimientos de cumplimiento como resultado de estas regulaciones.

Otro elemento del entorno normativo para Bitcoin son las leyes de valores. Algunas criptomonedas, especialmente aquellas distribuidas a través de ofertas iniciales de monedas (ICOs), podrían clasificarse como valores. Las ofertas deben cumplir con los requisitos de registro, divulgación y protección del inversor de las regulaciones de valores. Para emisores, inversores e intercambios, la designación de criptomonedas como valores puede tener implicaciones significativas, ya que determina el grado de escrutinio regulatorio y los requisitos de cumplimiento.

Dentro del marco regulatorio de Bitcoin, la tributación es un factor importante a tener en cuenta. El tratamiento fiscal adecuado de las criptomonedas es un tema sobre el cual las autoridades fiscales de todo el mundo están debatiendo. La tributación de las transacciones de criptomonedas, las ganancias de capital, los ingresos mineros y las tenencias de Bitcoin varía de un país a otro. Para evitar multas o consecuencias legales, los usuarios y las empresas deben navegar por complejos requisitos de informes, mantener registros precisos y cumplir con las obligaciones fiscales.

Los reguladores enfrentan dificultades debido a la naturaleza global de Bitcoin, lo que también genera preocupaciones sobre la jurisdicción. Individuos de diferentes países pueden realizar transacciones entre sí, lo que dificulta la aplicación coherente de medidas regulatorias. La incertidumbre legal y las regulaciones conflictivas pueden obstaculizar el comercio transfronterizo y dificultar el cumplimiento para las corporaciones multinacionales. El entorno regulatorio para Bitcoin ya es complejo debido a la falta de alineación regulatoria a nivel global.

El cumplimiento de los requisitos legales es crucial para las empresas que operan en el ecosistema de Bitcoin. Procedimientos sólidos contra el lavado de dinero (AML) y conozca a su cliente (KYC), obtención de licencias o registros necesarios, diligencia debida exhaustiva con los socios y mantenimiento de registros meticulosos son ejemplos de medidas de cumplimiento. Para garantizar el cumplimiento continuo y la gestión de riesgos, las empresas también deben mantenerse al día con las regulaciones cambiantes, interactuar con las autoridades regulatorias y adaptar sus procesos.

Los problemas regulatorios relacionados con Bitcoin son complejos. Innovar mientras se protege a los consumidores, promover la integridad del mercado y abordar los riesgos potenciales son tareas que los reguladores deben equilibrar. La naturaleza dinámica y rápidamente cambiante del ecosistema de criptomonedas dificulta mantenerse al día con los nuevos desarrollos en tecnología y casos de uso. Para impulsar una regulación efectiva en esta área, los entornos de pruebas regulatorias, procedimientos de consulta y la colaboración entre reguladores, actores de la industria y académicos son todos beneficiosos.

Tanto para usuarios, empresas como reguladores, las incertidumbres legales en torno a Bitcoin presentan dificultades. La clasificación de las criptomonedas, su posición legal y la forma en que se aplican las leyes y regulaciones existentes pueden variar considerablemente entre diferentes jurisdicciones. Sin embargo, varios países han comenzado a crear marcos legales adaptados a las criptomonedas en los últimos años. Estos marcos definen los requisitos regulatorios, aclaran cómo deben manejarse las criptomonedas y aumentan la certeza legal de los participantes del mercado.

Es crucial trabajar en la coordinación y armonización a nivel global para abordar los problemas regulatorios de Bitcoin. Organizaciones internacionales están trabajando en la creación de regulaciones y estándares para las criptomonedas, incluyendo el Grupo de Acción Financiera (GAFI) y la Organización Internacional de Comisiones de Valores (OICV). Con el fin de mejorar la consistencia y predictibilidad del entorno regulatorio para Bitcoin, estas iniciativas buscan promover la cooperación internacional, intercambiar mejores prácticas y armonizar enfoques regulatorios.

Los riesgos asociados con el marco legal y regulatorio de Bitcoin son un reflejo de las oportunidades y problemas que presenta. Los usuarios, empresas y reguladores que desean interactuar con Bitcoin a escala global enfrentan dificultades debido al paisaje regulatorio complejo y fragmentado. Los reguladores deben encontrar delicadamente un equilibrio entre la innovación, la protección al consumidor, la estabilidad financiera y la lucha contra actividades ilegales. Sin embargo, las iniciativas de coordinación internacional, armonización y la creación de marcos legales específicos para las criptomonedas son pasos positivos. El futuro de Bitcoin se verá moldeado por cómo se desarrolla el entorno regulatorio, ya que los reguladores intentan encontrar un equilibrio entre fomentar la innovación y controlar los riesgos en esta era digital revolucionaria.

CAPÍTULO VI

Billeteras y Exchanges de Bitcoin

Tipos de Billeteras de Bitcoin

Para resguardar los fondos de los usuarios, Bitcoin, la primera moneda digital descentralizada, necesita opciones de almacenamiento seguro. El almacenamiento, la administración y el acceso de las tenencias de Bitcoin dependen de las billeteras de Bitcoin. Hay varios tipos diferentes de billeteras de Bitcoin, cada una con características especiales, funciones de seguridad y compensaciones. Esta sección investiga la variedad de billeteras de Bitcoin, examinando diversos tipos, sus características y las implicaciones para la comodidad y seguridad de los usuarios.

Los usuarios pueden almacenar y gestionar sus tenencias de Bitcoin mediante herramientas digitales llamadas monederos de Bitcoin. Aunque se les llama monederos, en realidad solo contienen las claves privadas necesarias para acceder y controlar los fondos vinculados a una dirección de Bitcoin específica. Los monederos calientes y los monederos fríos son las dos categorías principales de monederos.

Carteras calientes ofrecen fácil acceso a fondos de Bitcoin y están conectadas a internet. Vienen en diversas formas, como carteras de escritorio, carteras móviles y carteras web, y suelen basarse en software. Las carteras calientes brindan accesibilidad, permitiendo a los usuarios gestionar rápidamente sus fondos en varios dispositivos. Sin embargo, debido a su mayor susceptibilidad a malware, phishing y ataques informáticos, su conveniencia implica algunos compromisos de seguridad. Al usar carteras calientes, los usuarios deben tener precaución y tomar medidas de seguridad adicionales.

Las carteras de escritorio son programas que se descargan e instalan en una computadora portátil o de escritorio. Permiten el almacenamiento offline de Bitcoin y dan a los usuarios acceso a sus claves privadas. Las carteras de nodo completo y las carteras ligeras son categorías adicionales para las carteras de escritorio. Las carteras de nodo completo descargan y mantienen toda la cadena de bloques de Bitcoin, ofreciendo a los usuarios un alto nivel de seguridad y privacidad. Las carteras ligeras, también conocidas como carteras SPV, dependen de servidores confiables para validar transacciones en lugar de descargar toda la cadena de bloques.

Las carteras móviles son programas diseñados específicamente para teléfonos inteligentes y tabletas que permiten a los usuarios gestionar cómodamente sus bitcoins mientras están en movimiento. Ofrecen una interfaz fácil de usar y con frecuencia incluyen funciones adicionales como la exploración de códigos QR para iniciar transacciones rápidas. Hay dos tipos de carteras móviles: custodiales y no custodiales. Mientras que las carteras no custodiales brindan a los usuarios un control completo sobre sus claves, las carteras custodiales almacenan las claves privadas de los usuarios en servidores remotos. Las carteras móviles no custodiales ofrecen niveles más altos de seguridad pero requieren copias de seguridad y recuperación por parte del usuario.

Las carteras web, también conocidas como carteras en línea, son accesibles desde cualquier dispositivo con conexión a internet y se ejecutan a través de navegadores web. Ofrecen a los usuarios la conveniencia de tener acceso constante a sus fondos de Bitcoin sin la necesidad de instalar ningún software. Sin embargo, las carteras web presentan un nivel más alto de riesgo porque los usuarios deben confiar en las medidas de seguridad implementadas por el proveedor del servicio de la cartera. Los usuarios deben ser cautelosos al seleccionar carteras web confiables con protocolos de seguridad sólidos, y deben asegurarse de conectarse a sus carteras utilizando conexiones seguras.

Al almacenar claves privadas sin conexión a internet, las carteras frías, también conocidas como carteras de hardware o carteras offline, ofrecen una seguridad aumentada. Son objetos físicos diseñados para almacenar de manera segura Bitcoin, reduciendo el riesgo de ataques en línea. Las carteras frías suelen emplear un cifrado fuerte para generar y almacenar claves privadas en un entorno seguro. Cuando se utilizan con regularidad, no están conectadas a internet, lo que reduce en gran medida la probabilidad de ataques de malware o piratería. Para el almacenamiento a largo plazo de Bitcoin o cantidades significativas de fondos, se recomiendan las carteras frías.

Las claves privadas se almacenan de manera segura en carteras de hardware, que son dispositivos compactos que a menudo se asemejan a unidades flash USB. Para generar y gestionar claves, cuentan con mecanismos criptográficos incorporados, junto con un componente seguro para evitar la extracción de claves. Las carteras de hardware suelen ofrecer una integración conveniente con carteras de Bitcoin bien conocidas y son compatibles con una variedad de carteras de software. Las carteras de hardware brindan a los usuarios un alto nivel de seguridad incluso cuando están conectadas a dispositivos potencialmente vulnerables porque las claves privadas se mantienen fuera de línea.

Las carteras de papel son copias impresas o en formato físico de las claves privadas y públicas de Bitcoin de un usuario. Se crean y almacenan como documentos físicos utilizando software especializado o herramientas fuera de línea. Debido a que las claves no se almacenan digitalmente, las carteras de papel están protegidas contra ataques en línea. Deben manipularse con cuidado y protegerse contra pérdidas, daños y accesos no autorizados. Para evitar posibles compromisos de las claves, los usuarios deben asegurarse de que el proceso de creación de carteras de papel se realice de manera segura, preferiblemente en un dispositivo sin conexión a internet.

Al utilizar una cartera mental, el usuario memoriza una frase secreta a partir de la cual se genera la clave privada. La cartera puede recrearse ingresando la frase secreta, pero la clave privada no se guarda en ningún lugar. Las carteras mentales facilitan recordar las claves privadas sin necesidad de almacenamiento físico o digital, pero si la frase secreta no es lo suficientemente fuerte, pueden estar sujetas a ataques de fuerza bruta o adivinanza de la frase secreta. Al utilizar una cartera mental, es crucial emplear una frase secreta fuerte y distintiva.

Al combinar características de las carteras calientes y frías, las carteras híbridas intentan lograr un equilibrio entre conveniencia y seguridad. Ofrecen accesibilidad y simplicidad de uso al tiempo que permiten a los usuarios gestionar sus fondos de manera segura. Una cartera híbrida es aquella que almacena las claves privadas en un dispositivo de hardware y se conecta a carteras de software para el procesamiento de transacciones. Este método proporciona las ventajas del almacenamiento offline de claves y la adaptabilidad de interfaces basadas en software.

Para almacenar y gestionar de manera segura las tenencias de Bitcoin de los usuarios, las carteras de Bitcoin son esenciales. Las carteras calientes ofrecen diversas opciones basadas en software, como carteras de escritorio, carteras móviles y carteras web, brindando acceso conveniente a los fondos. Aunque prácticas, las carteras calientes implican compromisos de seguridad y requieren medidas adicionales de seguridad por parte de los usuarios. Al mantener las claves privadas fuera de línea, las carteras frías, como las carteras de hardware y las carteras de papel, proporcionan una seguridad aumentada. Se recomiendan para el almacenamiento a largo plazo de Bitcoin o para cantidades mayores. Al combinar aspectos de carteras calientes y frías, las carteras híbridas logran un equilibrio entre seguridad y conveniencia. La mejor cartera de Bitcoin a utilizar dependerá de las preferencias personales, las necesidades de seguridad y cómo se planea utilizar los fondos. Los usuarios deben ser conscientes de las características, beneficios y compensaciones de los diferentes tipos de carteras para tomar decisiones sabias y proteger sus tenencias de Bitcoin en el cambiante ámbito digital.

¿Cómo elegir la mejor cartera de Bitcoin?

Para aquellos que recién ingresan al mundo de las criptomonedas, la elección de la mejor cartera de Bitcoin es una decisión importante. El primer paso para gestionar y proteger tus tenencias de Bitcoin es utilizar una cartera de Bitcoin. Elegir la mejor cartera puede ser difícil debido a la gran cantidad de opciones disponibles. Esta sección ofrece una visión general completa para ayudar a los usuarios a navegar por la variedad de carteras de Bitcoin, comprender los elementos críticos a tener en cuenta y tomar una decisión informada basada en sus requisitos y preferencias individuales.

Comprender los diferentes tipos de carteras de Bitcoin y los compromisos que ofrecen es crucial antes de comenzar el proceso de selección. Las carteras calientes y las carteras frías son las dos categorías principales en las que se pueden dividir ampliamente las carteras de Bitcoin. Las carteras calientes, como las de escritorio, móviles y web, facilitan el acceso a Bitcoin, pero implican compromisos de seguridad. La seguridad es prioritaria en las carteras frías, como las carteras de hardware y las carteras de papel, pero se puede renunciar a cierta conveniencia. Al combinar características de carteras calientes y frías, las carteras híbridas intentan lograr un equilibrio entre conveniencia y seguridad.

Al seleccionar una cartera de Bitcoin, la seguridad debe ser la principal consideración. La protección de tus tenencias de Bitcoin contra hacking, ataques de malware y otros tipos de acceso no autorizado depende de la seguridad de tu cartera. Al evaluar la seguridad de una cartera, ten en cuenta lo siguiente:

Asegúrate de tener completo control sobre tus claves privadas. Algunas carteras mantienen tus claves privadas en tu nombre, especialmente las carteras custodiales. Aparte de la conveniencia, esto implica que estás confiando la seguridad de tu dinero a un tercero. Por otro lado, las carteras no custodiales te brindan control total sobre tus claves privadas, reduciendo la posibilidad de acceso no autorizado.

Busca carteras que utilicen medidas de seguridad avanzadas como cifrado, capacidades de respaldo y autenticación multifactor (MFA). Al requerir múltiples formas de identificación antes de permitir el acceso a la cartera, la autenticación multifactor añade una capa adicional de seguridad. Incluso en caso de que el dispositivo o el archivo de la cartera se vean comprometidos, el cifrado asegura que tus claves privadas se almacenen de manera segura. Si pierdes o dañas tu dispositivo, puedes restaurar tu cartera utilizando opciones de respaldo como frases de recuperación o claves de recuperación.

Considera la retroalimentación de los usuarios y la reputación de la cartera al realizar tu investigación. Busca carteras con un historial sólido de seguridad y clientes satisfechos. Grupos en redes sociales, foros en línea y comunidades de criptomonedas pueden proporcionar información útil sobre la seguridad y confiabilidad de diversas opciones de carteras.

Si planeas utilizar Bitcoin para transacciones regulares, la conveniencia y la experiencia del usuario son consideraciones cruciales. Ten en cuenta los siguientes factores:

Ten en cuenta la interfaz de usuario de la cartera. Es más sencillo navegar y gestionar tus tenencias de Bitcoin gracias a una interfaz clara, simple y fácil de usar. Una pantalla de transacciones clara, características fáciles de usar y ajustes extensos son aspectos a tener en cuenta en una cartera.

Verifica la compatibilidad de la cartera con tus dispositivos. Asegúrate de que la cartera tenga versiones disponibles para los dispositivos que planeas utilizar y que sea compatible con tu sistema operativo (Windows, macOS, Linux, iOS, Android).

Ten en cuenta la facilidad de uso y la velocidad de las transacciones de la cartera. Busca carteras que ofrezcan confirmación rápida de las transacciones y flujos de trabajo sencillos. La experiencia del usuario puede mejorarse con carteras que tengan funciones como la gestión del libro de direcciones, la exploración de códigos QR y el historial de transacciones.

En caso de que tu dispositivo se pierda, dañe o sea robado, tener opciones de respaldo y recuperación es esencial para proteger tus inversiones en Bitcoin. Considera lo siguiente:

Conjuntos de palabras llamados frases de recuperación o claves de recuperación sirven como respaldo para tus claves privadas. Al utilizar un dispositivo nuevo o en caso de pérdida de datos, estas frases te permiten recuperar tu cartera. Asegúrate de que la cartera que elijas tenga un proceso sencillo y seguro de generación y almacenamiento de frases de recuperación.

Ten en cuenta la accesibilidad y redundancia de tus opciones de respaldo. Puedes recuperar tus fondos incluso si un respaldo está dañado o no está disponible si almacenas tu respaldo en varios lugares seguros, como copias digitales encriptadas y copias físicas que guardas en un lugar seguro.

Ten en cuenta el desarrollo y el apoyo que la comunidad ha brindado a la cartera. Actualizaciones regulares y comunidades activas demuestran que la cartera está siendo mantenida activamente, con mejoras constantes y correcciones de errores. Participar en la comunidad puede brindarte acceso a recursos, soporte y los avances más recientes en el ecosistema de la cartera.

Analiza la reputación y confiabilidad del proveedor de la cartera. Busca carteras creadas por empresas de renombre o personas que tengan un historial comprobado en la industria de las criptomonedas. Considera aspectos como el historial del proveedor de la cartera, revisiones de seguridad, la naturaleza de código abierto y la transparencia en el proceso de desarrollo.

Si planeas utilizar Bitcoin en un entorno regulado, presta atención al cumplimiento normativo del proveedor de la cartera. Asegúrate de que la cartera cumpla con las regulaciones aplicables de Conoce a tu Cliente (KYC) y Anti Lavado de Dinero (AML), especialmente si tienes la intención de trabajar con intercambios u otras entidades reguladas.

Examine el soporte de billetera para varias criptomonedas si tiene la intención de diversificar su cartera de criptomonedas. Mientras que algunas carteras admiten una variedad de criptomonedas, otras solo admiten Bitcoin. Si decides explorar otros activos digitales en el futuro, contar con una cartera que admita varias criptomonedas puede ser flexible y conveniente.

Analiza las tarifas y costos relacionados con la cartera. Mientras que algunas carteras son de uso gratuito, otras pueden imponer costos de transacción o tarifas mensuales por funciones adicionales. Asegúrate de que la estructura de tarifas se ajuste a tus patrones de uso y presupuesto al reflexionar sobre ello.

La seguridad, la facilidad de uso, las opciones de respaldo, el apoyo de la comunidad, la reputación, el cumplimiento normativo y el soporte para múltiples criptomonedas deben tenerse en cuenta cuidadosamente al seleccionar la mejor cartera de Bitcoin. Los usuarios pueden elegir una cartera que se adapte a sus necesidades y preferencias únicas al comprender los diversos tipos de carteras disponibles y sopesar sus compensaciones. Dado lo rápido que evolucionan tanto el panorama de las criptomonedas como la tecnología de las carteras, es crucial evaluar regularmente las capacidades de seguridad y funcionalidad de la cartera elegida. Al final, la mejor cartera de Bitcoin es aquella que ofrece una experiencia de usuario segura y sencilla, permitiéndote gestionar y resguardar tus tenencias de Bitcoin con confianza en la siempre creciente frontera digital.

Resumen de los Intercambios de Bitcoin

En el ecosistema de las criptomonedas, los intercambios de Bitcoin son esenciales porque facilitan la compra, venta e intercambio de la criptomoneda y otros activos digitales. Gracias a estas plataformas, los usuarios tienen acceso a liquidez, descubrimiento de precios y una variedad de herramientas de negociación. Para aquellos que buscan ingresar al mundo de la negociación de activos digitales, es crucial comprender las características, precauciones de seguridad y cumplimiento normativo de los diversos intercambios de Bitcoin que están disponibles actualmente. Esta sección explora los diversos tipos de intercambios de Bitcoin, proporciona una visión general de ellos y discute los criterios a tener en cuenta al seleccionar un intercambio.

Basándose en sus procesos de negociación y estructuras organizativas, los intercambios de Bitcoin se pueden dividir en varias categorías. Los usuarios pueden elegir los intercambios que mejor se adapten a sus necesidades y preferencias al comprender los diversos tipos. Algunos de los intercambios que tratan frecuentemente con Bitcoin son:

El tipo más típico de intercambios de Bitcoin se llaman intercambios centralizados (CEX, por sus siglas en inglés). En sus plataformas, actúan como intermediarios, facilitando la compra y venta de criptomonedas. Los CEX mantienen la criptomoneda de los usuarios en carteras bajo la gestión del intercambio, actuando como custodios de su dinero. Estos intercambios ofrecen una interfaz de usuario amigable, liquidez y una variedad de funciones de negociación. Sin embargo, utilizar intercambios centralizados requiere confiar en los protocolos de seguridad y el cumplimiento normativo propios del intercambio.

En las redes blockchain, los intercambios descentralizados (DEX) permiten el comercio peer-to-peer sin el uso de intermediarios. Al comerciar directamente desde sus carteras, los usuarios de DEX mantienen pleno control sobre sus fondos y claves privadas. Los

DEX buscan mejorar la privacidad y seguridad del usuario al eliminar la necesidad de intermediarios. Sin embargo, en comparación con los intercambios centralizados, los DEX suelen tener menos liquidez y menos funciones de negociación.

Los intercambios peer-to-peer (P2P) permiten el comercio directo de criptomonedas entre compradores y vendedores al reunirlos directamente. Esto elimina la necesidad de una plataforma centralizada. Los intercambios P2P ofrecen un mercado público donde los usuarios pueden listar Bitcoin para la venta o compra. Estos intercambios brindan más privacidad porque no se requiere que los usuarios se proporcionen información personal entre sí. Por otro lado, los intercambios P2P pueden tener menos liquidez y requieren que los usuarios investiguen a sus socios comerciales.

Las plataformas de corretaje ofrecen un método simplificado y fácil de usar para comprar y vender Bitcoin. Estos sitios web actúan como intermediarios, permitiendo a los usuarios pagar un precio fijo directamente en el sitio web para comprar Bitcoin. Para los usuarios que desean un proceso de compra sencillo sin las complicaciones del comercio en un intercambio, las plataformas de corretaje son ideales. Sin embargo, en comparación con los intercambios convencionales, las plataformas de corretaje suelen cobrar tarifas más altas y ofrecer menos características de negociación.

Para garantizar la mejor experiencia comercial y seguridad financiera, se deben tener en cuenta varios factores al elegir un intercambio de Bitcoin. A continuación, se presentan aspectos importantes a considerar:

Al seleccionar un intercambio, la seguridad es muy importante. Asegúrate de que los intercambios que utilices tengan sólidos protocolos de seguridad, como la autenticación de dos factores (2FA), cifrado, almacenamiento en frío de fondos y auditorías de seguridad periódicas. Es recomendable evitar los intercambios que tengan antecedentes de fallas de seguridad o carezcan de transparencia en sus procedimientos de seguridad.

Verifica si el intercambio cumple con las leyes aplicables en tu jurisdicción. Los procedimientos de Conoce a tu Cliente (KYC) y Anti Lavado de Dinero (AML) son utilizados con frecuencia por intercambios que dan alta prioridad al cumplimiento normativo para confirmar las identidades de los usuarios y prevenir actividades ilegales. Cumplir con los requisitos regulatorios mejora la credibilidad y confiabilidad de un intercambio.

El comercio necesita liquidez para funcionar sin problemas. Las órdenes de compra y venta se pueden completar rápidamente y a precios competitivos en intercambios con alta liquidez. Una mayor liquidez mejora las condiciones de negociación y reduce el riesgo de deslizamiento. Al comparar intercambios centralizados populares con plataformas descentralizadas o de igual a igual, la liquidez suele ser mayor en los intercambios centralizados.

Analiza la interfaz de usuario del intercambio y la experiencia general del usuario. Tu experiencia comercial puede mejorarse mediante una interfaz simple y fácil de usar respaldada por una variedad de tipos de órdenes y herramientas de negociación. Busca intercambios que ofrezcan una navegación sencilla, datos de mercado comprensibles y un servicio de atención al cliente atento.

Considera la variedad de criptomonedas que admite el intercambio. Aunque Bitcoin suele ser el enfoque principal, si deseas diversificar tu cartera, asegúrate de que el intercambio también admita otros activos digitales valiosos. Tu proceso de negociación puede simplificarse si tienes acceso a una variedad de criptomonedas en una sola plataforma.

Analiza la estructura de tarifas del intercambio. Con frecuencia, los intercambios aplican tarifas por operaciones, depósitos y retiros. Busca intercambios con programaciones de tarifas claras y tasas asequibles. Piensa en cómo las tarifas afectarán tu estrategia comercial, especialmente si realizas operaciones con frecuencia.

Ten en cuenta la calidad y la capacidad de respuesta del servicio de atención al cliente del intercambio. Un servicio al cliente rápido y confiable es esencial, especialmente cuando hay dificultades técnicas, problemas de seguridad de la cuenta o irregularidades en las transacciones. Busca intercambios que tengan un buen historial de resolver eficazmente los problemas de los usuarios y que ofrezcan una variedad de opciones de soporte, como chat en vivo, correo electrónico o soporte telefónico.

Investiga la reputación del intercambio y pregunta a otros usuarios por sus opiniones. Las evaluaciones de usuarios, los foros públicos y las comunidades en redes sociales pueden proporcionar percepciones sobre la confiabilidad, seguridad y experiencia general del usuario en diversos intercambios. Deben evitarse los intercambios con antecedentes de quejas no resueltas de usuarios o reseñas desfavorables.

El núcleo del ecosistema de negociación de activos digitales está formado por los intercambios de Bitcoin, que brindan a los usuarios acceso a liquidez, descubrimiento de precios y una variedad de herramientas comerciales. Para una experiencia comercial exitosa, es esencial comprender los diferentes tipos de intercambios y los factores a tener en cuenta al elegir uno. Mientras que los intercambios descentralizados y de igual a igual dan mayor prioridad al control del usuario y la privacidad, los intercambios centralizados ofrecen conveniencia y liquidez. Para compradores novatos, las plataformas de corretaje simplifican el proceso de compra. Es importante considerar cuidadosamente factores como precauciones de seguridad, cumplimiento legal, liquidez, interfaz de usuario, tarifas y servicio al cliente. Los usuarios pueden elegir un intercambio que se ajuste a sus objetivos comerciales, preferencias y tolerancia al riesgo mediante una investigación exhaustiva y el ejercicio de la diligencia debida, asegurando una experiencia segura y sin problemas en el emocionante mundo del comercio de Bitcoin.

CAPÍTULO VII

La Emergencia de las Finanzas Descentralizadas (DeFi)

¿Qué es Finanzas Descentralizadas?

Al utilizar la tecnología de blockchain para construir un ecosistema financiero abierto, accesible y transparente, las Finanzas Descentralizadas, también conocidas como DeFi, están revolucionando el paisaje financiero tradicional. A diferencia de los sistemas financieros centralizados convencionales que dependen de intermediarios, DeFi tiene como objetivo prescindir de ellos y brindar a las personas un mayor control sobre sus recursos financieros. Se proporciona un análisis en profundidad de DeFi, sus principios rectores, la tecnología subyacente y su posible influencia en el futuro financiero en esta sección.

Un grupo de plataformas financieras y aplicaciones construidas en redes blockchain, utilizando principalmente contratos inteligentes, se denomina "finanzas descentralizadas". Estos contratos inteligentes son contratos autoejecutables cuyos términos están escritos directamente en el código. DeFi busca ofrecer servicios financieros más abiertos, eficientes y disponibles para un público más amplio en todo el mundo al prescindir de la necesidad de intermediarios.

DeFi se distingue de las finanzas tradicionales por una serie de principios rectores, que incluyen:

DeFi fomenta la inclusividad y la apertura al poner los servicios financieros a disposición de cualquier persona con conexión a internet. Las plataformas DeFi son accesibles para todos, ofreciendo igualdad de oportunidades para la participación, a diferencia de las finanzas tradicionales, que pueden tener barreras de entrada basadas en la ubicación geográfica, el estado económico o la verificación de identidad.

Los protocolos DeFi están diseñados para ser interoperables, facilitando la comunicación fluida entre diversas plataformas y aplicaciones. Al combinar diferentes bloques de construcción DeFi, como préstamos, endeudamiento, participación y exchanges descentralizados, esta composabilidad permite la creación de productos y servicios financieros complejos. Los usuarios pueden crear estrategias financieras personalizadas utilizando estos sistemas interconectados.

Uno de los principios rectores de DeFi es la transparencia. Cualquiera puede verificar y auditar cómo están funcionando los protocolos DeFi porque todas las transacciones y contratos inteligentes están documentados en una cadena de bloques pública. Esta transparencia fomenta la confianza del usuario y reduce la posibilidad de fraude o manipulación.

DeFi brinda a las personas control no custodio sobre sus posesiones. Los usuarios mantienen un control total sobre sus claves privadas y la propiedad de su dinero. Al eliminar la necesidad de confiar en terceros con la custodia de los activos, este control reduce el riesgo de contraparte y promueve una mayor independencia financiera.

El ecosistema DeFi está compuesto por varios elementos importantes:

Plataformas llamadas intercambios descentralizados permiten a los usuarios intercambiar criptomonedas directamente entre ellos. Estos intercambios funcionan sin intermediarios y permiten a los usuarios mantener la custodia de su dinero durante todo el proceso de negociación. Los contratos inteligentes son utilizados por los intercambios descentralizados para automatizar la coincidencia y liquidación de órdenes, lo que resulta en un entorno de negociación eficiente y transparente.

Los usuarios pueden prestar sus activos digitales y ganar intereses utilizando plataformas de préstamos y préstamos DeFi, o pueden pedir prestados activos ofreciendo garantías. Los contratos inteligentes simplifican el proceso de préstamo al automatizar la gestión de garantías y pagos de intereses. Al permitir que las personas participen en piscinas de préstamos y accedan a capital, estas plataformas ofrecen una alternativa a la banca tradicional.

Las stablecoins son monedas digitales cuyos precios están vinculados a monedas más establecidas, como el dólar estadounidense, con el fin de mantener un valor estable. Con las stablecoins, los usuarios pueden realizar transacciones y almacenar valor sin preocuparse por las fluctuaciones de precio volátiles a las que están sujetas otras criptomonedas. Las stablecoins ofrecen estabilidad en el mercado de criptomonedas, que es poco confiable. En los protocolos DeFi, las stablecoins son esenciales porque posibilitan estrategias de préstamo, comercio y cobertura.

Al utilizar contratos inteligentes, los protocolos de seguros descentralizados buscan ofrecer protección de seguros a los usuarios de DeFi. Con la ayuda de estos protocolos, los usuarios pueden agrupar su dinero para cubrir riesgos específicos como la volatilidad de los precios de activos o errores en los contratos inteligentes. La seguridad de las aplicaciones DeFi se incrementa y se reduce el riesgo de contraparte mediante el seguro descentralizado.

Ganar recompensas mediante la provisión de liquidez o la seguridad de activos digitales en los protocolos DeFi es el objetivo del yield farming y el staking. Los usuarios pueden hacer staking de sus activos o participar en pools de liquidez para respaldar la seguridad y gobernanza de la red. Se les recompensa por sus esfuerzos con tokens adicionales o un porcentaje de las tarifas de transacción. Los usuarios tienen la oportunidad de obtener ganancias de forma pasiva a través de la expansión de las plataformas DeFi al participar en yield farming y staking.

DeFi tiene el potencial de transformar la industria financiera de diversas maneras.

DeFi hace que los servicios financieros estén disponibles para las poblaciones no bancarizadas y subbancarizadas de todo el mundo. Las personas pueden participar en actividades de préstamo, endeudamiento y comercio con solo una conexión a internet y un teléfono inteligente. Al fomentar la igualdad en las oportunidades de crecimiento económico y creación de riqueza, la inclusividad tiene el potencial de cerrar la brecha entre las economías de los países desarrollados y en desarrollo.

Los sistemas financieros tradicionales suelen emplear intermediarios, procedimientos complejos y cargos excesivos. Al eliminar intermediarios y utilizar contratos inteligentes para automatizar transacciones, DeFi simplifica estos procedimientos. DeFi puede ofrecer servicios financieros más económicos, lo que beneficia en última instancia a los usuarios finales, al eliminar procesos manuales y reducir gastos administrativos.

En comparación con los sistemas financieros convencionales, DeFi ofrece mayor privacidad y seguridad. Los usuarios pueden interactuar con plataformas DeFi de manera anónima y tienen control sobre sus claves privadas. La tecnología de blockchain garantiza transparencia e inmutabilidad, lo que reduce la posibilidad de fraude o manipulación.

DeFi brinda a las personas control sobre sus recursos financieros, capacitándolas así. Sin depender de instituciones centralizadas, los usuarios pueden participar en actividades de préstamo, endeudamiento y estrategias de inversión. A través de este empoderamiento, las personas pueden derribar barreras tradicionales y tomar el control de sus futuros financieros y su participación en la economía global.

DeFi tiene un gran potencial, pero hay una serie de problemas y riesgos a tener en cuenta:

Los contratos inteligentes son propensos a vulnerabilidades y errores, lo que puede resultar en pérdidas de fondos. La dificultad de escribir código de contrato inteligente, combinada con la falta de supervisión centralizada, aumenta la posibilidad de lagunas explotables. Para reducir estos riesgos, son cruciales las auditorías, revisiones de código y la gobernanza impulsada por la comunidad.

Los marcos regulatorios deben enfrentar los desafíos derivados de la rápida evolución del panorama DeFi. Las implicaciones regulatorias de DeFi, incluidas las preocupaciones sobre la protección del inversor, el lavado de dinero (AML) y los requisitos de conocimiento del cliente (KYC), aún están siendo objeto de debate por parte de las autoridades de todo el mundo. La innovación y el cumplimiento legal deben coexistir en armonía para que DeFi pueda crecer de manera sostenible.

El valor de los activos mantenidos dentro de los protocolos DeFi puede verse afectado por la naturaleza volátil del mercado de criptomonedas. Los usuarios deben ser conscientes de los peligros que plantea la volatilidad del mercado y reflexionar cuidadosamente sobre sus decisiones de inversión.

Las Finanzas Descentralizadas (DeFi) utilizan la tecnología blockchain para construir un ecosistema abierto, accesible y transparente, representando un cambio de paradigma en el paisaje financiero convencional. DeFi otorga a las personas un mayor control sobre sus activos financieros al eliminar intermediarios, abriendo oportunidades para la inclusión financiera, ahorros de costos, privacidad y seguridad. Intercambios descentralizados, plataformas de préstamos, agricultura de rendimiento y otras aplicaciones financieras se están desarrollando en respuesta a los principios fundamentales de DeFi: apertura, interoperabilidad, transparencia y control no custodio. Sin embargo, DeFi también enfrenta riesgos y dificultades, como la volatilidad del mercado, la incertidumbre regulatoria y vulnerabilidades de contratos inteligentes. Para que DeFi sea adoptado y tenga éxito a largo plazo, será esencial abordar estos problemas y encontrar un equilibrio entre la innovación y la regulación. El ecosistema DeFi tiene el potencial de cambiar el panorama financiero a nivel mundial y otorgar a las personas una mayor libertad financiera y autonomía a medida que se desarrolla.

Beneficios y Riesgos de DeFi

Las Finanzas Descentralizadas (DeFi), que prometen transformar los sistemas financieros convencionales y otorgar a las personas un mayor control sobre sus activos financieros, han surgido como una innovación financiera revolucionaria. Al utilizar la tecnología blockchain, DeFi puede establecer un ecosistema financiero fluido, abierto y transparente. DeFi tiene muchos beneficios, pero también tiene riesgos y dificultades que deben ser considerados cuidadosamente. Esta sección examina las ventajas y riesgos de DeFi, resaltando su potencial para alterar el panorama financiero y abordando problemas y preocupaciones sobre su desarrollo inminente.

El potencial de DeFi para promover la inclusión financiera a escala global es una de sus ventajas más importantes. Los grupos marginados suelen quedar excluidos de los sistemas financieros tradicionales, especialmente los no bancarizados y subbancarizados que no tienen acceso a servicios financieros esenciales. Con la ayuda de DeFi, ya no son necesarios los intermediarios convencionales, lo que permite que cualquier persona con acceso a Internet participe en actividades financieras como préstamos, préstamos y inversiones. Al fomentar la igualdad de oportunidades para el crecimiento económico y la creación de riqueza, la inclusividad tiene el potencial de cerrar la brecha entre las economías de países desarrollados y en desarrollo.

Cualquier persona puede utilizar plataformas DeFi, independientemente de dónde viva o de su posición socioeconómica. Solo se necesita una conexión a Internet y un dispositivo compatible para acceder y utilizar los servicios DeFi. DeFi también utiliza blockchains de código abierto, que registran de manera permanente y transparente todas las transacciones. Al reducir la posibilidad de fraude, manipulación y censura, esta transparencia fomenta una mayor responsabilidad y confianza en la forma en que se maneja el dinero dentro del ecosistema DeFi.

DeFi otorga a las personas más poder y propiedad sobre sus recursos financieros. Al utilizar billeteras de custodia propia y claves privadas, DeFi permite a los usuarios mantener la custodia de sus activos, a diferencia de los sistemas financieros convencionales donde los intermediarios tienen la custodia de los fondos. Al eliminar la necesidad de depender de organizaciones centralizadas para la seguridad y gestión de fondos, este control reduce el riesgo de contraparte y brinda a los usuarios la libertad de gestionar sus finanzas por sí mismos.

Los contratos inteligentes, contratos autoejecutables que automatizan los términos y condiciones de las transacciones financieras, son la base sobre la cual se construyen los protocolos DeFi. Los contratos inteligentes hacen posible desarrollar aplicaciones financieras programables, brindando a los desarrolladores la capacidad de crear bienes y servicios financieros complejos e innovadores. Las plataformas DeFi también están diseñadas para ser interoperables, permitiendo que diversas aplicaciones se comuniquen entre sí sin problemas. Al combinar diferentes bloques de construcción DeFi, como préstamos, préstamos, participación y intercambios descentralizados, esta composabilidad permite el desarrollo de estrategias financieras únicas.

Los sistemas financieros tradicionales suelen emplear intermediarios, procedimientos complejos y cargos excesivos. Muchas de estas ineficiencias son eliminadas por DeFi al automatizar procedimientos mediante contratos inteligentes, eliminando la necesidad de intermediarios y reduciendo los costos administrativos. De esta manera, DeFi puede ofrecer servicios financieros a un costo menor, lo que se traduce en menores costos de transacción, menos papeleo y tiempos de liquidación más rápidos. Aquellas personas que viven en lugares con acceso limitado a servicios bancarios tradicionales, donde las tarifas de transacción son frecuentemente más altas, pueden beneficiarse especialmente de estos ahorros de costos.

El núcleo de las aplicaciones DeFi, los contratos inteligentes, es propenso a errores y vulnerabilidades. La probabilidad de fallas explotables aumenta debido a la complejidad del código de contrato inteligente y la falta de control centralizado. Por ejemplo, errores o debilidades en la codificación pueden resultar en el robo o pérdida de fondos. Para reducir estos riesgos, las auditorías, revisiones de código y pruebas exhaustivas son cruciales. Además, debido a que la tecnología blockchain está en constante evolución, es necesario actualizarla y mejorarla para garantizar la confiabilidad y seguridad de los contratos inteligentes.

Los marcos regulatorios encuentran dificultades para mantenerse al día con los rápidos desarrollos a medida que DeFi interrumpe los sistemas financieros convencionales. Las implicaciones regulatorias de DeFi, incluidas preocupaciones sobre la protección de los inversores, el cumplimiento de prevención de lavado de dinero (AML) y los requisitos de conocimiento del cliente (KYC), están siendo debatidas por autoridades de todo el mundo. Para que DeFi crezca y sea adoptado ampliamente, la innovación y la regulación deben coexistir en el equilibrio adecuado. Los reguladores pueden brindar confianza a los participantes del mercado y promover la innovación ética dentro del ecosistema DeFi estableciendo pautas regulatorias claras y exhaustivas.

Muchas aplicaciones DeFi se construyen sobre el volátil mercado de criptomonedas, conocido por esto. Los usuarios pueden sufrir pérdidas debido a que el valor de los activos digitales puede cambiar drásticamente en poco tiempo. Las plataformas DeFi ofrecen oportunidades para el yield farming, préstamos y provisión de liquidez, pero existen riesgos debido a la inherente volatilidad de los activos subyacentes. Los usuarios deben ser conscientes de los riesgos que presenta la volatilidad del mercado y usar precaución al implementar estrategias de alto riesgo.

La escalabilidad para las aplicaciones DeFi sigue siendo un problema. Las redes blockchain pueden experimentar congestión y costos de transacción más altos a medida que la base de usuarios se expande y aumenta la demanda de servicios financieros descentralizados. Además, la complejidad de la interfaz de usuario de la plataforma DeFi para usuarios no técnicos puede evitar que

DeFi sea adoptado más ampliamente. Es esencial abordar estos problemas de escalabilidad y experiencia del usuario si se pretende que DeFi sea ampliamente adoptado e integrado en actividades financieras regulares.

Las plataformas DeFi suelen integrarse con protocolos y servicios externos para ofrecer más funciones y acceso a una variedad más amplia de recursos. Sin embargo, estas integraciones presentan riesgos adicionales de seguridad. La seguridad general de las plataformas DeFi puede verse comprometida por cualquier defecto o explotación en estos protocolos externos. Para mantener la seguridad y la integridad general del ecosistema DeFi, es esencial llevar a cabo una cuidadosa evaluación y auditoría de las integraciones externas.

DeFi es una industria que se está desarrollando rápidamente debido a la constante innovación y experimentación. Los desarrolladores, propietarios de negocios e investigadores deben seguir empujando los límites de DeFi, explorando nuevas aplicaciones y resolviendo problemas a medida que surgen. El futuro de DeFi se moldeará mediante la colaboración, el desarrollo de código abierto y la investigación revisada por pares para asegurarse de que sea resiliente, seguro y capaz de adaptarse a las dinámicas cambiantes del mercado.

Los marcos regulatorios seguirán desarrollándose a medida que DeFi se utilice más ampliamente para abordar las dificultades particulares planteadas por los sistemas financieros descentralizados. Para lograr un equilibrio entre la innovación, la protección del usuario y el cumplimiento regulatorio, es esencial la cooperación entre los actores de DeFi y los organismos reguladores. Regulaciones claras sentarán las bases para la aceptación generalizada de DeFi dentro de las estructuras financieras actuales y un crecimiento sostenible.

La educación del usuario es fundamental a medida que se desarrolla DeFi. Los usuarios deben ser conscientes de los riesgos que presentan las plataformas DeFi, como los puntos débiles en los contratos inteligentes, la naturaleza volátil del mercado y la posibilidad de pérdida financiera. Para proteger los fondos de los usuarios y mantener la integridad del ecosistema DeFi, los operadores y desarrolladores de plataformas deben dar prioridad a medidas de seguridad, someterse a auditorías regulares e implementar las mejores prácticas.

Las plataformas DeFi deben abordar problemas de escalabilidad e interoperabilidad para ser ampliamente adoptadas. Al utilizar canales de pago y sidechains, las soluciones de capa 2 pueden reducir el tráfico en la red blockchain subyacente. Puentes entre cadenas y otros protocolos de interoperabilidad pueden facilitar la transferencia de valor y la comunicación entre diversas redes blockchain. Con la ayuda de estas soluciones de escalabilidad e interoperabilidad, DeFi podrá manejar volúmenes de transacción más altos, al mismo tiempo que reduce costos y mejora la experiencia del usuario.

Las Finanzas Descentralizadas (DeFi), que ofrecen inclusión financiera, mejor accesibilidad, mayor control y rentabilidad, tienen el poder de cambiar completamente el panorama financiero. DeFi tiene ventajas claras, pero también es importante reconocer y gestionar los riesgos que conlleva. Es crucial considerar cuidadosamente las vulnerabilidades de los contratos inteligentes, las incertidumbres regulatorias, la volatilidad del mercado, los problemas de escalabilidad y las consideraciones de seguridad. El futuro de DeFi puede moldearse en un ecosistema financiero resiliente, seguro e inclusivo que brinde a las personas más libertad y autonomía financiera mediante la promoción de la colaboración entre las partes interesadas, la educación del usuario y la implementación de sólidas medidas de seguridad.

Aplicaciones Comunes de DeFi

Al utilizar la tecnología blockchain para desarrollar aplicaciones financieras abiertas, accesibles y transparentes, las Finanzas Descentralizadas (DeFi) han revolucionado el panorama financiero tradicional. Los contratos inteligentes están diseñados para reemplazar a los intermediarios en estas aplicaciones, brindando a los usuarios más control sobre sus transacciones financieras. Esta sección ofrece un examen exhaustivo de algunas de las aplicaciones DeFi más populares, resaltando sus características, ventajas y efectos en el ecosistema financiero. Cubre el préstamo y la solicitud de préstamos, así como los intercambios descentralizados y la creación automatizada de mercados.

La vanguardia de DeFi, que está revolucionando la forma en que las personas comercian con criptomonedas, son los intercambios descentralizados. Los intercambios descentralizados (DEXs) operan en redes blockchain, permitiendo el comercio entre pares sin la necesidad de un tercero confiable, a diferencia de los intercambios centralizados convencionales que dependen de intermediarios para facilitar las transacciones. Para garantizar la transparencia y eliminar la posibilidad de pérdida de activos como resultado de hackeos de intercambio, los DEXs utilizan contratos inteligentes para automatizar la coincidencia de órdenes, la custodia de activos y la liquidación.

Los DEX tienen varios beneficios, incluyendo:

Los DEX brindan a los usuarios mayor seguridad y privacidad al eliminar la necesidad de depositar dinero en billeteras de intercambios centralizados. Los usuarios conservan el control sobre su dinero durante todo el proceso de negociación, reduciendo la posibilidad de que su dinero sea robado o manipulado de manera incorrecta por los intercambios centralizados. Además, la privacidad y el anonimato de los usuarios están protegidos ya que no necesitan pasar por largos procedimientos de conocimiento del cliente (KYC).

Los DEX proporcionan a los usuarios propiedad total y control sobre sus activos. Los usuarios pueden mantener la custodia de su dinero en todo momento al negociar directamente desde sus billeteras. La libertad para gestionar de forma independiente los recursos financieros se brinda mediante este modelo no custodial, que está en consonancia con las ideas fundamentales de descentralización.

Los DEXs utilizan con frecuencia pools de liquidez, en los cuales los usuarios depositan dinero con el propósito de facilitar el comercio. La mayor liquidez posible gracias a estos pools garantiza que los traders puedan ejecutar sus órdenes a costos razonables. Además, los DEXs brindan a los usuarios acceso a una variedad de activos, incluyendo tokens de nicho y criptomonedas emergentes que pueden no estar disponibles en intercambios centralizados convencionales. Algunos DEXs populares con características distintivas y una red blockchain subyacente incluyen Uniswap, SushiSwap y PancakeSwap.

Las personas pueden utilizar la plataforma de préstamos y empréstitos DeFi para prestar sus activos digitales y ganar intereses o tomar prestados activos con la provisión de garantía.Estas plataformas utilizan contratos inteligentes para automatizar las liquidaciones de préstamos, la gestión de garantías y los pagos de intereses. Las plataformas de préstamos DeFi ofrecen servicios financieros eficaces e inclusivos al eliminar la necesidad de intermediarios convencionales.

Las principales ventajas y características de las plataformas de préstamos y empréstitos DeFi son las siguientes:

Las plataformas de préstamos DeFi conectan a prestamistas y prestatarios a nivel global, facilitando una asignación eficaz de capital. Los usuarios pueden ganar intereses al prestar sus activos a prestatarios, y los prestatarios pueden acceder a capital al ofrecer garantías. Este pozo global de liquidez reduce las barreras de entrada, especialmente para personas en lugares donde los servicios bancarios tradicionales son más difíciles de obtener.

Las plataformas de préstamos DeFi suelen exigir a los prestatarios que ofrezcan garantías que valgan más que los activos prestados. Esta excesiva garantía reduce el riesgo de incumplimiento y garantiza que los prestamistas serán compensados en caso de impago. Los contratos inteligentes mantienen la integridad de la plataforma de préstamos y protegen los intereses de los prestamistas al liquidar automáticamente las garantías en caso de incumplimiento.

Las plataformas de préstamos DeFi utilizan datos on-chain para evaluar la solvencia de posibles prestatarios. Estas plataformas tienen en cuenta variables como el valor de la garantía, el historial de transacciones y la reputación on-chain, además de los puntajes de crédito tradicionales. La capacidad de acceder a capital para personas con historial crediticio limitado se logra mediante esta evaluación descentralizada del crédito, lo que respalda la inclusión financiera. Compound, Aave y MakerDAO son tres plataformas de préstamos DeFi bien conocidas que ofrecen una variedad de funciones de préstamo y préstamo para diferentes activos digitales.

Un elemento esencial de DeFi es el protocolo de creación de mercado automatizado (AMM), que permite a los intercambios descentralizados ofrecer liquidez y promover operaciones efectivas. No se requieren libros de órdenes ni creadores de mercado centralizados porque los AMMs emparejan automáticamente a compradores y vendedores mediante pools de liquidez y algoritmos.

Los AMMs tienen varios beneficios, como:

Los pools de liquidez son utilizados por los AMMs para proporcionar liquidez continua para el comercio. Los usuarios que financian estos pools recibirán una parte de las comisiones comerciales recaudadas. Los AMMs se aseguran de que los traders siempre puedan ejecutar sus órdenes sin depender de creadores de mercado convencionales al incentivar la provisión de liquidez.

Los AMMs utilizan fórmulas matemáticas para calcular los precios de los activos en función de la oferta y la demanda, como la fórmula del producto constante (utilizada, por ejemplo, por el algoritmo de Automated Market Maker de Uniswap). Con la ayuda de esta fórmula, se garantiza que los precios de los activos cambien en respuesta a los cambios en el volumen de negociación, mejorando la eficiencia de precios y minimizando el impacto de grandes operaciones en los precios del mercado.

El intercambio de tokens es posible gracias a los AMMs dentro de los pools de liquidez que establecen. Sin utilizar libros de órdenes ni intercambios centralizados, los usuarios pueden intercambiar fácilmente un token por otro. Además, los activos del mundo real, como bienes raíces o piezas de arte, pueden ser tokenizados mediante AMMs para permitir la propiedad fraccional y la liquidez. Protocolos AMM populares incluyen Uniswap, Balancer y Curve Finance, cada uno con sus propias características especiales y algoritmos de negociación.

Las plataformas de seguros descentralizados están diseñadas para ofrecer protección de seguros para los usuarios DeFi, reduciendo los riesgos relacionados con la volatilidad del mercado, la pérdida de activos y las vulnerabilidades de los contratos inteligentes. Estas plataformas permiten a los usuarios agrupar recursos para asegurarse contra riesgos específicos mediante el uso de tecnología blockchain y contratos inteligentes para crear pools de seguros descentralizados.

Las ventajas y características clave de las plataformas de seguros descentralizados incluyen:

La cobertura de seguros entre pares es posible gracias a las plataformas de seguros descentralizados, que eliminan la necesidad de que las compañías de seguros tradicionales actúen como intermediarios. Los usuarios pueden contribuir dinero a pools de seguros para estar cubiertos contra riesgos específicos como el robo de activos o explotaciones de contratos inteligentes. El contrato inteligente transfiere automáticamente dinero a las partes aseguradas en caso de una reclamación válida.

Plataformas descentralizadas de seguros gestionan reclamaciones mediante contratos inteligentes, los cuales garantizan transparencia y eliminan la necesidad de procesamiento manual de reclamaciones. Las condiciones predefinidas en el contrato inteligente se utilizan para validar las reclamaciones. Al reducir la posibilidad de fraude o negación injusta de reclamaciones, este proceso de reclamaciones sin confianza mejora la seguridad y la confianza en toda la industria de seguros.

Los usuarios pueden personalizar pólizas de seguro en plataformas descentralizadas de seguros, lo que les permite adaptar la cobertura a sus necesidades únicas. Los usuarios pueden elegir los riesgos que desean cubrir, así como la duración y los límites de la cobertura. Esta flexibilidad permite a las personas gestionar su exposición al riesgo y proteger sus activos según sea necesario. Plataformas como Nexus Mutual y Cover Protocol se han convertido en opciones populares de seguros descentralizados, cubriendo una variedad de riesgos comunes en la industria de DeFi.

Las Finanzas Descentralizadas (DeFi) han abierto la puerta a una nueva era de aplicaciones financieras que brindan a las personas más poder, accesibilidad y eficacia. El panorama financiero ha cambiado gracias a aplicaciones DeFi comunes como intercambios descentralizados, plataformas de préstamos, protocolos de creación de mercado automatizados y plataformas de seguros descentralizadas. Estas aplicaciones eliminan intermediarios, mejoran la privacidad y seguridad, y permiten el acceso global a servicios financieros mediante el uso de tecnología blockchain, contratos inteligentes y protocolos abiertos.

Aunque hay muchas ventajas en estas aplicaciones, es importante estar alerta y abordar cualquier riesgo, como problemas regulatorios, volatilidad del mercado y vulnerabilidades en contratos inteligentes. El desarrollo responsable y la adopción a gran escala de aplicaciones DeFi dependerán de la innovación continua, la cooperación de los interesados y la educación de los usuarios.

El ecosistema DeFi tiene el potencial de transformar los sistemas financieros convencionales, democratizar el acceso a servicios financieros y otorgar a las personas más autonomía financiera a medida que se desarrolla. El potencial para un panorama financiero futuro más inclusivo, eficaz y descentralizado en DeFi es enorme, siempre y cuando se consideren cuidadosamente los riesgos y se busque un desarrollo responsable.

CAPÍTULO VIII

Bitcoin en el Ecosistema DeFi

Cómo se Utiliza Bitcoin en DeFi

Además de revolucionar la idea de la moneda digital, la primera criptomoneda, Bitcoin, también ha encontrado un lugar en la creciente industria de las Finanzas Descentralizadas (DeFi). DeFi utiliza contratos inteligentes y tecnología blockchain para desarrollar un ecosistema financiero abierto, transparente e inclusivo. Aunque su uso en aplicaciones DeFi ha abierto nuevas oportunidades para integrar la primera criptomoneda del mundo en el panorama financiero descentralizado, Bitcoin es conocido principalmente como reserva de valor y medio de intercambio. Esta sección examina las diferentes formas en que se utiliza Bitcoin en DeFi, destacando su uso como garantía, integración en plataformas de préstamos y préstamos, y los posibles efectos en la dirección de las finanzas.

Una de las principales formas en que se utiliza Bitcoin en aplicaciones DeFi es como garantía. Las personas pueden acceder al valor de sus tenencias de Bitcoin mientras aún conservan la propiedad de sus activos al usar Bitcoin como garantía. Dentro del ecosistema DeFi, esta utilización crea oportunidades para el préstamo, la inversión y el apalancamiento de Bitcoin.

Los usuarios de plataformas de préstamos DeFi pueden pedir dinero prestado poniendo Bitcoin como garantía. Los prestatarios pueden acceder a préstamos basados en el valor de su garantía al bloquear sus activos de Bitcoin en un contrato inteligente. Esto permite a las personas pedir prestado contra sus tenencias de Bitcoin sin tener que venderlas, evitando posiblemente implicaciones fiscales o perderse un crecimiento potencial en el precio en el futuro.

El trading apalancado en el mercado DeFi también es posible mediante el uso de Bitcoin como garantía. Al pedir prestado más dinero contra su garantía de Bitcoin, los usuarios de plataformas de trading apalancado pueden aumentar la magnitud de su exposición a los cambios en el precio de la criptomoneda. Al operar con dinero prestado, los traders pueden amplificar las ganancias o pérdidas potenciales. Sin embargo, el trading apalancado conlleva algunos riesgos inherentes, por lo que es importante proceder con precaución.

En los protocolos de creación de mercado automatizado (AMM) y en los intercambios descentralizados, también se puede utilizar Bitcoin como garantía para proporcionar liquidez. Los proveedores de liquidez pueden agregar sus tenencias de Bitcoin a los pools de liquidez, que facilitan el trading y obtienen beneficios de las comisiones de trading de la plataforma. Los propietarios de Bitcoin pueden participar en esto y aumentar la liquidez general del ecosistema, al mismo tiempo que generan ingresos pasivos.

La inclusión de Bitcoin en plataformas de préstamos y préstamos en la industria DeFi ha abierto nuevas oportunidades para que las personas accedan a capital y generen intereses en sus tenencias de Bitcoin.

Las plataformas de préstamos DeFi brindan a los propietarios de Bitcoin la capacidad de pedir prestado dinero contra sus activos de Bitcoin, ofreciendo a las personas una forma de acceder a liquidez sin tener que vender sus tenencias de Bitcoin. Estos préstamos suelen estar sobrecolateralizados para proteger a los prestamistas en caso de incumplimiento. Los sistemas bancarios tradicionales pueden ser reemplazados con préstamos respaldados por Bitcoin, lo que también brinda a los usuarios la oportunidad de acceder al valor de sus activos de Bitcoin sin renunciar a la propiedad.

Al utilizar sus tenencias de Bitcoin, los propietarios de Bitcoin también pueden participar en la generación de rendimiento dentro de DeFi. La agricultura de rendimiento, también conocida como minería de liquidez, implica proporcionar liquidez a diferentes protocolos DeFi a cambio de más tokens o recompensas. Al agregar sus Bitcoins a los pools de liquidez, los dueños de la moneda digital pueden aprovechar sus tenencias y recibir recompensas basadas en la actividad comercial y las tarifas de transacción de la plataforma.

El uso de Bitcoin en DeFi tiene el potencial de alterar drásticamente el panorama financiero de varias maneras:

Ahora, las personas que poseen Bitcoin pueden acceder a una variedad de servicios financieros que antes estaban indisponibles o restringidos dentro de los sistemas financieros convencionales debido a la integración de Bitcoin en las aplicaciones DeFi. Cualquier persona con conexión a Internet puede utilizar DeFi para superar restricciones geográficas y participar en préstamos, endeudamiento y otras actividades financieras utilizando sus activos de Bitcoin. Esta mejor accesibilidad fomenta la inclusión financiera y otorga más poder a las personas que podrían no tener un fácil acceso a los servicios bancarios tradicionales.

Las personas tienen una manera de diversificar sus carteras de inversiones y gestionar riesgos gracias al uso de Bitcoin en DeFi. Las personas pueden utilizar sus tenencias de Bitcoin como garantía, participar en la generación de rendimiento y acceder a diversos instrumentos financieros para generar ingresos pasivos. Al reducir los riesgos asociados con la retención de una sola clase de activo, como Bitcoin, la diversificación puede mejorar potencialmente el rendimiento de la cartera.

La incorporación de Bitcoin en DeFi llena el vacío entre las finanzas convencionales y el sector financiero digital en desarrollo. Permite a las personas aprovechar los beneficios de Bitcoin como reserva de valor y los beneficios potenciales dentro del ecosistema DeFi. Al intentar combinar las ventajas de ambos mundos, esta integración abre la puerta a una mayor interacción y sinergia entre las instituciones financieras establecidas y la industria de finanzas descentralizadas.

Aunque hay muchas ventajas en el uso de Bitcoin en DeFi, existen algunos problemas y dificultades que deben resolverse:

Es crucial que los contratos inteligentes que rigen el uso de Bitcoin como garantía en las aplicaciones DeFi sean seguros. Los activos de Bitcoin pueden perderse debido a violaciones de seguridad y vulnerabilidades en los contratos inteligentes. Para reducir estos riesgos y garantizar la integridad de las plataformas DeFi, son imperativos los auditajes constantes, revisiones de código y fuertes medidas de seguridad.

Usar Bitcoin como garantía o para generar rendimiento en aplicaciones DeFi es arriesgado debido a su inherente volatilidad de precios. Fuertes oscilaciones de precios pueden causar liquidaciones o provocar pérdidas potenciales. Los participantes deben considerar cuidadosamente su nivel de tolerancia al riesgo y establecer planes de emergencia para reducir los efectos de la volatilidad de precios.

La inclusión de Bitcoin en DeFi plantea problemas regulatorios, especialmente en relación con las leyes de conocimiento del cliente (KYC) y prevención del lavado de dinero (AML). Es probable que los marcos regulatorios cambien a medida que DeFi se desarrolle para abordar las dificultades y oportunidades particulares generadas por esta industria en desarrollo. Para mantener la sostenibilidad y legitimidad del ecosistema, los participantes en el espacio DeFi deben estar al tanto del cambiante panorama regulatorio y asegurar el cumplimiento de las leyes aplicables.

El potencial para aprovechar el valor de Bitcoin y participar en el entorno financiero descentralizado ha aumentado con el uso de Bitcoin en aplicaciones DeFi. Bitcoin permite la generación de rendimiento dentro de plataformas DeFi, sirve como garantía y facilita el préstamo y la solicitud de préstamos. La inclusión de Bitcoin en DeFi hace posible una mayor accesibilidad, diversificación y la reducción de la brecha entre las finanzas convencionales y el ecosistema financiero digital. Sin embargo, para garantizar el crecimiento sostenible y la adopción de Bitcoin en el espacio DeFi, es crucial abordar cuidadosamente factores como los riesgos de seguridad, la volatilidad de precios y el cumplimiento normativo. Al dar a las personas más control, accesibilidad y autonomía sobre sus activos y actividades financieras, Bitcoin y DeFi tienen el potencial de remodelar el panorama financiero a medida que se desarrollan.

Bitcoin envuelto (WBTC) y Otras Soluciones

La criptomoneda original, Bitcoin, ha ganado popularidad en todo el mundo como medio de intercambio y reserva de valor. Cuando se trata de capacidad de programación y compatibilidad con otras redes blockchain, la cadena de bloques nativa de Bitcoin es limitada. Se han creado diferentes soluciones para cerrar la brecha entre el ecosistema de Bitcoin y otras blockchains con el fin de superar estas restricciones. Bitcoin envuelto (WBTC), un token basado en Ethereum que representa a Bitcoin en la red Ethereum, es una de esas soluciones. Esta sección examina la idea de Bitcoin envuelto, así como otras soluciones que permiten la integración de Bitcoin en el ecosistema de Ethereum, junto con sus ventajas, desventajas y efectos en el panorama más amplio de las blockchains.

Bitcoin envuelto (WBTC) es un token ERC-20 basado en la cadena de bloques de Ethereum que replica Bitcoin en una proporción de 1:1. Un grupo de custodios mantiene una cantidad equivalente de Bitcoin en fideicomiso para cada token WBTC. Depositar Bitcoin con un custodio, quien luego crea una cantidad equivalente de WBTC en la red de Ethereum, es el primer paso en el proceso de envoltura. Esto hace posible que los usuarios utilicen el valor de Bitcoin dentro del ecosistema de Ethereum, creando diversas oportunidades para aplicaciones descentralizadas (dApps) y finanzas descentralizadas (DeFi).

La integración de Bitcoin en el ecosistema de Ethereum por parte de Wrapped Bitcoin tiene las siguientes ventajas:

La programabilidad y la interoperabilidad entre las dos redes de blockchain son posibles gracias a la integración de Bitcoin en Ethereum a través de WBTC. Anteriormente limitado a los activos nativos de Ethereum, ahora WBTC se puede utilizar en contratos inteligentes basados en Ethereum, dApps y protocolos DeFi porque es un token ERC-20. Con esta integración, los casos de uso y la utilidad de Bitcoin dentro del extenso ecosistema de Ethereum se incrementan.

Los poseedores de Bitcoin pueden utilizar sus tenencias para participar en el próspero ecosistema DeFi de Ethereum al encapsular su Bitcoin en WBTC. En plataformas de préstamos y endeudamiento, provisión de liquidez en intercambios descentralizados (DEXs) y agricultura de rendimiento en protocolos DeFi, WBTC puede ser utilizado como garantía. Sin tener que vender sus tenencias de Bitcoin, esta integración permite a los usuarios aprovechar los beneficios y posibilidades ofrecidos por DeFi.

El lanzamiento de WBTC mejora la efectividad y la liquidez en los mercados de Bitcoin y Ethereum. WBTC brinda a los propietarios de Bitcoin acceso a la liquidez del ecosistema de Ethereum al actuar como representante de Bitcoin en la red de Ethereum. Debido a que crea nuevos pares de negociación y oportunidades en intercambios descentralizados, esta liquidez es especialmente beneficiosa al negociar Bitcoin contra otros activos basados en Ethereum.

Aunque el uso de Bitcoin envuelto tiene muchas ventajas, existen algunas dificultades y cosas a tener en cuenta:

Un grupo de custodios es reclutado por Bitcoin envuelto para mantener y administrar las reservas subyacentes de Bitcoin. Como resultado, los usuarios deben tener cierto nivel de confianza en los custodios para manejar su Bitcoin de manera segura. Sin embargo, estos riesgos pueden reducirse al utilizar custodios confiables y medidas de seguridad sólidas.

Dado que los custodios tienen en su posesión las reservas de Bitcoin y tienen el poder de emitir y retirar tokens WBTC, el modelo custodial de Bitcoin envuelto introduce cierto grado de centralización. La naturaleza descentralizada de Bitcoin y Ethereum contrasta con este aspecto centralizado. Es fundamental tener en cuenta el equilibrio entre las ventajas de la interoperabilidad y los posibles riesgos asociados con la centralización.

Además de Bitcoin envuelto, existen otras formas de integrar Bitcoin en el ecosistema de Ethereum. Estas soluciones ofrecen estrategias diferentes para cerrar la brecha entre las dos cadenas de bloques conocidas:

Los intercambios atómicos permiten intercambiar Bitcoin y tokens de Ethereum directamente entre sí sin el uso de intermediarios o intercambios centralizados. Los intercambios atómicos posibilitan intercambios peer-to-peer entre las dos redes de blockchain mediante el uso de contratos inteligentes. Estos intercambios aseguran que el intercambio ocurra sin que los usuarios tengan que confiar en un tercero con sus activos. Los intercambios atómicos facilitan el intercambio directo de activos entre Bitcoin y Ethereum, promoviendo la interoperabilidad y la descentralización.

Al establecer redes de cadenas laterales independientes vinculadas a la cadena de bloques de Bitcoin, las cadenas laterales ofrecen un método adicional para integrar Bitcoin en Ethereum. Los usuarios pueden transferir Bitcoin desde la cadena de bloques principal de Bitcoin a una cadena lateral secundaria, donde se puede utilizar para diversas funciones como contratos inteligentes y aplicaciones DeFi. Esta estrategia aumenta la flexibilidad y la programabilidad al tiempo que preserva la seguridad e integridad de la red de Bitcoin.

Al crear protocolos que se ejecutan sobre las cadenas de bloques principales, las soluciones de capa 2 buscan abordar los problemas de escalabilidad tanto de Bitcoin como de Ethereum. Estos protocolos aprovechan la seguridad proporcionada por la cadena de bloques subyacente para permitir transacciones más rápidas y menos costosas. Las soluciones de capa 2, como la Red Lightning para Bitcoin y las diversas soluciones de escalabilidad para Ethereum, podrían facilitar la interoperabilidad y aumentar la eficacia del uso de Bitcoin dentro del ecosistema de Ethereum.

La integración de Bitcoin en el ecosistema de Ethereum a través de herramientas como Bitcoin envuelto y otros mecanismos de interoperabilidad tendrá un impacto significativo en el panorama más amplio de las cadenas de bloques:

La inclusión de Bitcoin en los ecosistemas DeFi y dApp de Ethereum aumenta el potencial tanto para desarrolladores como para usuarios. Con la integración de Bitcoin, el ecosistema de Ethereum obtiene acceso a su liquidez sustancial y su reputación bien establecida, fomentando una mayor innovación y expansión de aplicaciones y exchanges descentralizados. A través de esta integración, Ethereum puede atraer a más usuarios y programadores, consolidando aún más su posición como una de las principales plataformas de cadena de bloques.

Al conectar dos de los ecosistemas de cadenas de bloques más grandes, la integración de Bitcoin en Ethereum mejora la liquidez entre cadenas. La facilidad con la que los activos de Bitcoin pueden transferirse al ecosistema de Ethereum crea nuevas oportunidades para el comercio, la provisión de liquidez y otras actividades financieras. Los usuarios pueden acceder a una variedad más amplia de activos y oportunidades comerciales gracias a esta liquidez entre cadenas, lo que también contribuye a mejorar la eficiencia del mercado.

La adopción de Bitcoin y Ethereum por parte de sus respectivas comunidades fomenta la comunicación y la cooperación entre ellas. Esta cooperación puede dar lugar al intercambio de ideas, al desarrollo de nuevas tecnologías y a la exploración de nuevas aplicaciones de la cadena de bloques. Los esfuerzos combinados de estas comunidades tienen el potencial de fomentar el intercambio de ideas y el desarrollo de un ecosistema de cadena de bloques más conectado y cooperativo.

La incorporación de Bitcoin en el ecosistema de Ethereum a través del uso de Bitcoin envuelto (WBTC) y otros métodos ha creado nuevas oportunidades para la programabilidad, interoperabilidad y una mayor liquidez. WBTC permite a los poseedores de Bitcoin utilizar sus tenencias para una variedad de transacciones financieras y participar en el ecosistema DeFi de Ethereum. Además de los protocolos de capa 2, los intercambios atómicos, las cadenas laterales y otros enfoques están disponibles para cerrar la brecha entre Ethereum y Bitcoin.

La integración de Bitcoin y Ethereum podría influir en la dirección de la tecnología blockchain y el panorama financiero más amplio a medida que estas dos criptomonedas continúan desarrollándose. La colaboración entre estas dos comunidades bien conocidas tiene el potencial de fomentar la creatividad, aumentar la liquidez entre cadenas y dar lugar a nuevas aplicaciones descentralizadas. La adopción de Bitcoin en el ecosistema de Ethereum marca un punto crucial en el esfuerzo por crear un ecosistema de cadena de bloques más conectado y funcional.

El Impacto de Bitcoin en DeFi

La primera criptomoneda en el mundo, Bitcoin, ha tenido un impacto profundo no solo en el sector financiero, sino también en el surgimiento y desarrollo de las Finanzas Descentralizadas (DeFi). DeFi utiliza la tecnología de cadena de bloques para construir un ecosistema financiero transparente, inclusivo y sin intermediarios. La industria de finanzas descentralizadas ha sido impactada significativamente por Bitcoin, aumentando el nivel de interoperabilidad, seguridad y liquidez en el sector. Esta sección examina cómo Bitcoin ha afectado a DeFi, enfatizando su importancia como reserva de valor, su incorporación en aplicaciones DeFi y su potencial para cambiar la forma en que se realiza la financiación en el futuro.

Un factor que ha contribuido a la influencia de Bitcoin en DeFi es su surgimiento como reserva de valor. Las características distintivas de Bitcoin, como su escasez, descentralización e inmutabilidad, lo han convertido en una opción de inversión a largo plazo y en oro digital viable. En el ecosistema DeFi, Bitcoin actúa como una reserva de valor confiable que las personas pueden utilizar para diversas transacciones financieras.

La liquidez de Bitcoin ha cambiado fundamentalmente a DeFi. Los proveedores de liquidez se han sentido atraídos hacia el espacio DeFi por los altos volúmenes de negociación de Bitcoin y su reputación como un activo digital ampliamente aceptado. Debido a la liquidez de Bitcoin, los intercambios descentralizados (DEXs) y los fondos de liquidez se han expandido, permitiendo a los usuarios negociar Bitcoin contra otras criptomonedas y obtener ganancias al proporcionar liquidez. La mejorada experiencia general de negociación dentro del ecosistema DeFi es resultado de la mayor liquidez, que respalda mercados efectivos.

La capacidad de Bitcoin para actuar como reserva de valor ha facilitado su integración en las plataformas de préstamos y endeudamiento de DeFi. Los propietarios de Bitcoins pueden usarlos como garantía para acceder a créditos y préstamos en la industria DeFi. Esto ofrece a las personas flexibilidad financiera y liquidez al permitirles acceder al valor de sus tenencias de Bitcoin sin tener que venderlos. Al garantizar el pago del préstamo y agregar otra capa de seguridad a los protocolos de préstamos, la colateralización con Bitcoin reduce los riesgos para los prestamistas también.

Más allá de su función como reserva de valor, Bitcoin tiene un impacto en DeFi. Las oportunidades para utilizar Bitcoin dentro del ecosistema financiero descentralizado han aumentado como resultado de su integración en varias aplicaciones DeFi.

Bitcoin se ha incorporado más fácilmente al ecosistema DeFi basado en Ethereum gracias a Wrapped Bitcoin (WBTC), un token ERC-20 en la cadena de bloques de Ethereum. Con WBTC, los propietarios de Bitcoin pueden crear una cantidad equivalente de WBTC al bloquear sus activos de Bitcoin en cuentas custodias, los cuales luego pueden utilizarse con protocolos DeFi basados en Ethereum. Como resultado de esta integración, los poseedores de Bitcoin pueden participar ahora en actividades descentralizadas de préstamo, endeudamiento y comercio, añadiendo liquidez y valor a la red Ethereum.

Otro método para integrar Bitcoin en varias redes blockchain es a través de puentes entre cadenas. Al facilitar la transferencia de Bitcoin entre diversas blockchains, estos puentes promueven la interoperabilidad y brindan a los propietarios de Bitcoin acceso a los beneficios y oportunidades especiales proporcionados por otros ecosistemas blockchain. Los puentes entre cadenas fomentan la cooperación entre diversas blockchains y aumentan las posibles aplicaciones de Bitcoin en diferentes aplicaciones DeFi.

Los tokens de Bitcoin artificiales, como el sBTC de Synthetix, ofrecen a los usuarios de DeFi otra manera de acceder al valor de Bitcoin sin poseer la moneda real. Al emitir activos sintéticos que imitan los cambios de precio de Bitcoin, se producen tokens sintéticos de Bitcoin. Como resultado, los usuarios pueden experimentar el valor de Bitcoin dentro de las aplicaciones DeFi y aprovechar la programabilidad e interoperabilidad de DeFi.

El impacto de Bitcoin en DeFi tiene el potencial de alterar drásticamente el panorama financiero de diversas maneras:

El efecto de Bitcoin en DeFi fomenta la inclusión financiera al proporcionar acceso a servicios financieros a aquellos que están mal atendidos o excluidos de los sistemas bancarios tradicionales. Cualquier persona con conexión a Internet puede participar en actividades DeFi debido a la naturaleza abierta y sin permisos de Bitcoin, independientemente de su ubicación o situación financiera. Ahora, las personas tienen acceso a préstamos, endeudamiento y otros servicios financieros que anteriormente estaban fuera de su alcance.

El efecto de Bitcoin en DeFi está en línea con las ideas de democratización y descentralización. Bitcoin otorga a las personas un mayor control sobre sus actividades financieras al eliminar intermediarios y permitir transacciones de persona a persona. DeFi se basa en esta descentralización al utilizar tecnología de cadena de bloques y contratos inteligentes para desarrollar protocolos financieros transparentes y sin confianza. Las personas pueden realizar transacciones, ahorrar e invertir sin la interferencia de una autoridad centralizada gracias a la combinación de Bitcoin y DeFi.

El impacto de Bitcoin en DeFi fomenta la innovación y la interrupción en el sector financiero convencional. Nuevos instrumentos financieros, modelos de negocio y métodos de interactuar con servicios financieros son introducidos por aplicaciones DeFi creadas en redes de blockchain como Bitcoin y otras. Para desarrolladores y dueños de negocios, la programabilidad de Bitcoin y la composabilidad de los protocolos DeFi abren innumerables oportunidades para desarrollar soluciones innovadoras que desafían a los sistemas financieros establecidos. En el panorama financiero más amplio, esta innovación tiene el potencial de aumentar la accesibilidad, reducir costos y mejorar la eficiencia.

El impacto de Bitcoin en DeFi no se limita a una sola área o conjunto de leyes. Debido a la naturaleza global de Bitcoin, personas de todo el mundo pueden participar en actividades DeFi. Al incorporar Bitcoin en aplicaciones DeFi, las personas pueden realizar transacciones y participar en actividades financieras sin el uso de intermediarios convencionales, creando un sistema financiero sin fronteras. Este cambio tiene el potencial de interrumpir estructuras financieras establecidas y establecer una red financiera global más accesible, eficaz e inclusiva.

Aunque Bitcoin tiene un impacto significativo en DeFi, aún hay problemas y aspectos a tener en cuenta.

El uso de Bitcoin en aplicaciones DeFi puede verse afectado por sus problemas de escalabilidad y congestión de red. La efectividad y usabilidad de Bitcoin dentro de los protocolos DeFi pueden estar limitadas por las altas tarifas de transacción y los tiempos de confirmación más lentos. La Lightning Network y otras soluciones de Capa 2, así como los avances en la tecnología blockchain, serán esenciales para abordar estos problemas de escalabilidad y mejorar la experiencia del usuario.

Existen dificultades e incertidumbres debido al cambiante entorno regulatorio que rodea a Bitcoin y DeFi. Los reguladores están lidiando con cómo abordar las implicaciones regulatorias de estos sistemas financieros innovadores a medida que DeFi se vuelve más popular y crece la influencia de Bitcoin. Para garantizar el desarrollo a largo plazo de Bitcoin y DeFi, es crucial encontrar el equilibrio adecuado entre el cumplimiento legal, la protección del usuario y la promoción de la innovación.

La seguridad de los activos de Bitcoin, así como de los contratos inteligentes utilizados en las aplicaciones DeFi, es crucial. Aunque la tecnología de cadena de bloques tiene ventajas de seguridad incorporadas, las vulnerabilidades de los contratos inteligentes y posibles explotaciones podrían poner en peligro los fondos de los usuarios. Para reducir estos riesgos y garantizar la integridad del ecosistema DeFi, son esenciales fuertes medidas de seguridad, auditorías frecuentes e iniciativas lideradas por la comunidad.

Indudablemente, Bitcoin ha tenido un impacto en DeFi, aportando liquidez, seguridad e interoperabilidad al ecosistema financiero descentralizado. Las posibilidades de utilizar Bitcoin en el panorama financiero en general se han ampliado gracias a su función como reserva de valor y su integración en aplicaciones DeFi. Bitcoin y DeFi tienen el potencial de remodelar el futuro de las finanzas al fomentar la inclusión financiera, la descentralización y la innovación. Esto resultaría en un sistema financiero más abierto, accesible y eficiente que capacita a las personas en todo el mundo. A medida que Bitcoin y DeFi se desarrollen aún más, su influencia superará las limitaciones actuales, dando lugar a una mayor adopción y cambio en el sector financiero.

CAPÍTULO IX

Investing in Bitcoin and DeFi

The Investment Case for Bitcoin

La primera criptomoneda descentralizada en el mundo, Bitcoin, ha atraído a inversionistas de todo el mundo. Bitcoin ha experimentado un aumento significativo en su precio desde su inicio y, debido a sus propiedades distintivas, se ha convertido en una nueva clase de activo. En esta sección, se examina el caso de inversión para Bitcoin a través de un análisis de sus características, tendencias del mercado y posibles ventajas y desventajas. Nuestro objetivo es proporcionar una visión exhaustiva de por qué Bitcoin ha generado interés como oportunidad de inversión a largo plazo, examinando su escasez, utilidad y la creciente adopción institucional.

Las características de Bitcoin que lo convierten en una reserva de valor deseable han llevado a que se utilice con frecuencia el término "oro digital". Bitcoin comparte características con el oro, como la escasez, durabilidad y fungibilidad, pero también tiene ventajas específicas para la era digital.

La oferta limitada de Bitcoin es uno de los principales factores que respaldan el caso de inversión en él. El límite de 21 millones de monedas en la oferta de Bitcoin garantiza la escasez y la protección contra la inflación. El protocolo de Bitcoin incluye una oferta fija, y una red descentralizada de mineros lo mantiene. Bitcoin podría apreciarse con el tiempo debido a su escasez a medida que la demanda mundial por él crece.

La naturaleza descentralizada de Bitcoin lo hace más atractivo como reserva de valor. Bitcoin opera en una red peer-to-peer, lo que lo hace inmune a la censura y la interferencia gubernamental. Esto lo diferencia de las monedas convencionales gestionadas por bancos centrales. Además, debido a que cada transacción se verifica criptográficamente y se registra en un libro de contabilidad público, la tecnología de cadena de bloques que sustenta a Bitcoin garantiza transacciones seguras.

En comparación con las reservas de valor convencionales, la naturaleza digital de Bitcoin ofrece ventajas en cuanto a portabilidad y accesibilidad. Con la capacidad de almacenar Bitcoin en billeteras digitales, las personas pueden transportar y realizar transacciones fácilmente con sus activos en el extranjero. Esta accesibilidad fomenta la inclusión financiera y brinda a las personas en países con acceso limitado a servicios bancarios tradicionales una alternativa.

Un aumento en la adopción institucional de Bitcoin en los últimos años ha fortalecido su caso de inversión. El potencial de Bitcoin como herramienta de diversificación y protección contra riesgos convencionales del mercado está siendo reconocido por instituciones financieras y empresas de renombre.

Corporaciones líderes y firmas de inversión han comenzado a incorporar Bitcoin en sus estrategias de inversión. Se han anunciado inversiones significativas en Bitcoin por parte de fondos de cobertura, gestores de activos e incluso empresas con acciones en bolsa, lo que indica una creciente aceptación de la moneda virtual como una clase de activo invertible. La adopción institucional hace que el mercado de Bitcoin sea más estable y líquido, atrayendo a más inversores individuales.

Debido a su baja correlación con las clases de activos convencionales, Bitcoin puede ser utilizado como una herramienta útil para la diversificación. Su precio ha mostrado frecuentemente independencia de materias primas, bonos y mercados de valores, lo que lo convierte en un potencial refugio contra la volatilidad del mercado. Los inversores pueden reducir el riesgo global de la cartera y posiblemente aumentar los rendimientos al incluir Bitcoin en una cartera diversificada para obtener exposición a un activo no correlacionado.

La oferta finita y la naturaleza descentralizada de Bitcoin lo convierten en un candidato atractivo para ser utilizado como un posible refugio contra la inflación. Los inversores están buscando cada vez más activos que puedan mantener el poder adquisitivo a largo plazo debido al estímulo monetario sin precedentes y las preocupaciones sobre la depreciación de la moneda. Bitcoin es un activo deseable en un entorno inflacionario debido a su oferta limitada y su defensa contra la inflación arbitraria.

Aunque puede haber oportunidades de inversión en Bitcoin, es importante tener en cuenta los riesgos y la volatilidad del mercado.

La historia de precios de Bitcoin se ha caracterizado por una significativa volatilidad, con períodos de rápido crecimiento seguidos de correcciones abruptas. El sentimiento del mercado, cambios en regulaciones y eventos macroeconómicos son solo algunas de las variables que pueden afectar las fluctuaciones de precios. Al considerar Bitcoin como una inversión, los inversores deben tener una alta tolerancia al riesgo y un horizonte temporal a largo plazo.

El entorno regulatorio que rige a Bitcoin aún se está desarrollando, y cualquier cambio podría tener un impacto en su aceptación general y en la volatilidad de su precio. Los inversores pueden experimentar incertidumbre como resultado de acciones regulatorias como restricciones comerciales o un aumento en la supervisión. Al invertir en Bitcoin, los inversores también deben considerar cuidadosamente posibles problemas legales y riesgos de ciberseguridad.

Aunque confiable y segura, la tecnología que impulsa Bitcoin no está exenta de riesgos. El valor y el funcionamiento de Bitcoin podrían verse afectados por errores de software, intentos de piratería o interrupciones en la red de blockchain. Los inversores deben mantenerse actualizados sobre nuevos desarrollos en tecnología, precauciones de seguridad y posibles debilidades en el ecosistema de Bitcoin.

El argumento a favor de invertir en Bitcoin se respalda por sus características como una forma de oro digital, la adopción institucional y su potencial para diversificar carteras y actuar como protección contra la inflación. En la era de internet, Bitcoin proporciona accesibilidad, seguridad y escasez como un almacén descentralizado de valor. El mercado es ahora más creíble y líquido como resultado de la adopción institucional, lo que también aumenta el interés de los inversores. Los riesgos asociados con Bitcoin, como la volatilidad del mercado, la incertidumbre regulatoria y las vulnerabilidades tecnológicas, deben ser cuidadosamente considerados por los inversores.

El caso empresarial para invertir en Bitcoin es fluido y está sujeto a dinámicas de mercado cambiantes y entornos legislativos. Como cualquier inversión, la diligencia debida cuidadosa, la gestión de riesgos y una perspectiva a largo plazo son fundamentales. Bitcoin es una clase de activo fascinante para seguir y considerar para aquellos que buscan diversificar sus carteras y aprovechar las oportunidades ofrecidas por la era digital, ya que tiene el potencial de perturbar los sistemas financieros establecidos y brindar a las personas más independencia financiera.

Cómo invertir en proyectos DeFi

Utilizando la tecnología blockchain y contratos inteligentes, el sector de Finanzas Descentralizadas (DeFi) del mercado de criptomonedas ha surgido como una innovación revolucionaria. DeFi está transformando los sistemas financieros convencionales. Los inversores buscan oportunidades para participar en este emocionante sector a medida que los proyectos DeFi continúan innovando y ganando impulso. Se cubren en esta sección los principales factores y procedimientos para invertir en proyectos DeFi, junto con la investigación, evaluación de proyectos, gestión de riesgos y monitoreo de desarrollos regulatorios. Las personas pueden navegar por este paisaje que cambia rápidamente y posiblemente beneficiarse de esta tecnología transformadora al estar al tanto de los matices de invertir en DeFi.

Para entender completamente los fundamentos, los riesgos potenciales y la viabilidad a largo plazo de cualquier proyecto DeFi antes de invertir, es esencial realizar una investigación exhaustiva.

Comienza leyendo la documentación técnica y el libro blanco del proyecto. Estos documentos ofrecen una visión general de los objetivos del proyecto, la tecnología de apoyo y el problema que busca resolver. Para determinar la credibilidad del proyecto y la probabilidad de éxito, presta atención a sus objetivos, al equipo detrás de él y a su hoja de ruta técnica.

Revisa la junta asesora y el equipo del proyecto. Busca personas con experiencia y trayectoria en las industrias de blockchain y criptomonedas. Para sentirte seguro en el liderazgo del proyecto, considera su experiencia, credenciales y éxitos anteriores.

Analiza la participación de la comunidad en el proyecto y la cantidad de actividad en foros, salas de chat y sitios de redes sociales. La aceptación del proyecto, su legitimidad y su potencial de crecimiento pueden determinarse por la actividad y participación de la comunidad.

Haz preguntas, recopila información y evalúa el sentimiento al involucrarte con la comunidad.

Después de realizar una investigación preliminar, es crucial evaluar elementos particulares que afectan la probabilidad de éxito de un proyecto DeFi.

Analiza la originalidad e innovación tecnológica del proyecto. Comprueba si presenta una solución novedosa, mejora los protocolos actuales o agrega características revolucionarias. Los proyectos que avanzan en las capacidades de DeFi y proporcionan al ecosistema nuevas funciones pueden tener una ventaja competitiva.

Analiza el ajuste al mercado y el caso de uso del proyecto. ¿Aborda un problema significativo u ofrece una solución para una necesidad no satisfecha? Examina el potencial de adopción del proyecto y su compatibilidad con las tendencias y demandas más generales del mercado.

Asegúrate de verificar si el proyecto ha pasado por exhaustivas auditorías de código y seguridad. Para proteger el dinero de los inversionistas y mantener la integridad del proyecto, es esencial la seguridad de los contratos inteligentes y del código subyacente. La confianza aumenta en proyectos que han sido auditados por firmas de renombre o que cuentan con un procedimiento de revisión de código abierto y público.

Existen riesgos inherentes al invertir en proyectos DeFi. Es esencial comprender y gestionar eficazmente estos riesgos.

La volatilidad de precios de las criptomonedas, incluyendo DeFi, es bien conocida. Los precios pueden fluctuar rápidamente, y las inversiones pueden experimentar ganancias o pérdidas significativas en periodos cortos. Decide cuánto riesgo puedes tolerar y solo invierte lo que puedas permitirte perder.

Los proyectos DeFi se basan en contratos inteligentes, y las vulnerabilidades en el código pueden resultar en brechas de seguridad o posibles pérdidas de dinero. Sigue proyectos que den prioridad a medidas de seguridad, auditorías frecuentes y programas de recompensas por errores, y mantente al tanto de las prácticas de seguridad más recientes.

Los proyectos DeFi operan en un entorno regulatorio que cambia rápidamente. La legalidad y viabilidad de algunos proyectos pueden verse afectadas por cambios en las regulaciones o un mayor escrutinio de las autoridades regulatorias. Mantente al tanto de los cambios regulatorios en tu jurisdicción y evalúa cómo podrían afectar tus inversiones.

Una estrategia clave de gestión de riesgos en cualquier cartera de inversión, incluyendo DeFi, es la diversificación. Para reducir el riesgo de que un proyecto falle o de que el mercado disminuya, diversifica tus inversiones en varios proyectos y clases de activos. Ten en cuenta la diversificación entre diversas industrias DeFi, como préstamos, intercambios descentralizados y derivados.

Estrategias populares en DeFi, como el staking y el yield farming, pueden ser rentables al proporcionar liquidez o mantener ciertos tokens. Sin embargo, estas estrategias también conllevan sus propios riesgos, como pérdidas temporales y una seguridad débil en los contratos inteligentes. Antes de utilizar estas estrategias, familiarízate con su funcionamiento, evalúa los riesgos involucrados y considera los rendimientos esperados.

El ecosistema DeFi es dinámico y siempre cambia. Para invertir con éxito en DeFi, es esencial mantenerse al día con noticias, tendencias y desarrollos.

Participa en la comunidad DeFi, mantente al tanto de las últimas noticias de la industria y sigue a personas influyentes en las redes sociales. Mantente al tanto de los desarrollos más recientes y las tendencias del mercado participando en foros relevantes y asistiendo a conferencias o webinars.

Mantente informado sobre el entorno regulatorio relacionado con DeFi. Las acciones regulatorias pueden afectar la viabilidad y el cumplimiento de un proyecto, así como el estado de ánimo del mercado en general. Reconoce cualquier riesgo regulatorio potencial y ajusta tu enfoque de inversión según sea necesario.

DeFi es un campo complejo que requiere un aprendizaje constante y adaptación. Conoce las teorías, estándares y las últimas tendencias en DeFi. Para tomar decisiones de inversión inteligentes, mantente al tanto de los nuevos desarrollos tecnológicos, las mejores prácticas de seguridad y los avances en la industria más amplia de la cadena de bloques.

Las personas tienen emocionantes oportunidades de participar en la revolución de las finanzas descentralizadas invirtiendo en proyectos DeFi. Sin embargo, es esencial realizar una investigación exhaustiva, evaluar cuidadosamente los proyectos, gestionar los riesgos y estar al tanto de los desarrollos regulatorios. Los inversionistas pueden navegar por el dinámico panorama DeFi y potencialmente beneficiarse del potencial transformador de la tecnología blockchain siguiendo estos pasos y adoptando un enfoque diversificado. Al igual que con cualquier inversión, tener una perspectiva a largo plazo y estar consciente de los riesgos son esenciales para tomar decisiones acertadas y aprovechar el potencial de DeFi.

Gestión de riesgos en la inversión en criptomonedas

Debido al potencial de rendimientos significativos y a la naturaleza disruptiva de la tecnología blockchain, la inversión en criptomonedas se ha vuelto cada vez más popular en los últimos años. Sin embargo, debido a su volatilidad, la incertidumbre regulatoria y la complejidad tecnológica, invertir en criptomonedas conlleva riesgos inherentes. Se requiere un enfoque sistemático para la gestión de riesgos en la inversión rentable en criptomonedas. Esta sección examina los principales riesgos asociados con la inversión en criptomonedas y ofrece soluciones para controlar y reducir esos riesgos. Los inversionistas pueden navegar por el mercado de criptomonedas inestable y mejorar sus posibilidades de éxito a largo plazo comprendiendo las dificultades y poniendo en práctica buenos métodos de gestión de riesgos.

Comprender los principales factores de riesgo relacionados con la inversión en criptomonedas es crucial antes de adentrarse en estrategias de gestión de riesgos.

La volatilidad de precios de las criptomonedas, como Bitcoin y otras, es bien conocida. Los precios pueden cambiar drásticamente en un corto período de tiempo, lo que presenta a los inversionistas tanto oportunidades como riesgos. El sentimiento del mercado, noticias regulatorias, desarrollos tecnológicos o factores macroeconómicos pueden causar cambios abruptos en los precios. Para minimizar pérdidas y maximizar ganancias, es esencial la gestión de la volatilidad del mercado.

El entorno regulatorio de las criptomonedas está en constante cambio. Las acciones regulatorias gubernamentales y financieras pueden afectar la legitimidad, el comercio y la liquidez de las criptomonedas. Los inversionistas deben evaluar los posibles riesgos y requisitos de cumplimiento relacionados con sus inversiones y mantenerse al tanto de los desarrollos regulatorios en su jurisdicción.

Las criptomonedas operan en plataformas tecnológicas complejas. Los fondos pueden perderse o ser robados debido a vulnerabilidades en contratos inteligentes, incidentes de piratería y cortes de red. Para reducir los riesgos tecnológicos, es esencial comprender la tecnología subyacente de las criptomonedas y evaluar las medidas de seguridad implementadas por los proyectos.

Al invertir en criptomonedas, la liquidez es una preocupación importante, especialmente para tokens más pequeños y altcoins. La baja liquidez causada por bajos volúmenes de negociación puede dificultar la compra o venta de activos a los precios deseados. La posibilidad de manipulación de precios también aumenta en mercados ilíquidos. Los inversionistas deben considerar cuidadosamente la liquidez de los activos, así como cualquier dificultad potencial en el comercio y la salida de posiciones.

Para navegar por el volátil panorama de las criptomonedas, es esencial poner en práctica estrategias efectivas de gestión de riesgos. Considera las siguientes estrategias importantes:

Una estrategia fundamental de gestión de riesgos que se puede utilizar en todo tipo de inversiones, incluidas las criptomonedas, es la diversificación. El riesgo de una única inversión puede reducirse al diversificar las inversiones en diversas criptomonedas, industrias y clases de activos. Al diversificar sus carteras, los inversores pueden aprovechar distintas ganancias potenciales al tiempo que limitan su exposición a ciertos riesgos de proyectos o de mercado.

Para gestionar eficazmente el riesgo al invertir en criptomonedas, es necesario establecer una asignación de cartera adecuada y tolerancia al riesgo. Antes de asignar fondos a criptomonedas, los inversores deben considerar su horizonte de inversión, tolerancia al riesgo y objetivos financieros. Los activos de criptomonedas solo deberían representar una pequeña parte de tu cartera, ya que generalmente se perciben como inversiones de mayor riesgo. Además, reequilibrar la cartera de forma regular puede contribuir a mantener el perfil deseado de riesgo-recompensa.

Antes de invertir en criptomonedas, es esencial realizar una diligencia debida cuidadosa y un análisis fundamental. Comprender las perspectivas a largo plazo del proyecto se puede lograr evaluando sus fundamentos, tecnología, equipo y adaptación al mercado. Comprender la proposición de valor subyacente y las ventajas competitivas de una criptomoneda puede ayudarte a identificar proyectos prometedores y reducir tu exposición a aquellos sospechosos o mal ejecutados.

La identificación de puntos de entrada y salida para las inversiones puede ser facilitada por el análisis técnico. Comprender cómo se han movido los precios a corto plazo se puede aprender examinando gráficos de precios, tendencias e indicadores. El análisis técnico debe utilizarse junto con otras técnicas de gestión de riesgos debido a sus limitaciones en el mercado de criptomonedas extremadamente volátil.

Para invertir con éxito en criptomonedas, es necesario realizar continuamente la evaluación de riesgos y estrategias de mitigación. Mantente atento al mercado, al entorno regulatorio y a los riesgos específicos de cada proyecto. Para proteger tus inversiones, mantente al tanto de las tendencias de seguridad más recientes, examina cuidadosamente los exchanges y las carteras, y utiliza medidas de seguridad sólidas.

El entorno de las criptomonedas es dinámico y cambia rápidamente. La gestión efectiva del riesgo requiere educación continua y estar al tanto de las tendencias del mercado, los desarrollos tecnológicos y los cambios legislativos. Para estar al día con los desarrollos más recientes, interactúa con la comunidad de criptomonedas, sigue fuentes de noticias confiables y participa en eventos de la industria.

Si bien la inversión en criptomonedas presenta emocionantes oportunidades, también conlleva riesgos inherentes. Los inversores pueden navegar con éxito por el volátil mercado de criptomonedas poniendo en práctica buenas estrategias de gestión de riesgos. La gestión efectiva del riesgo implica controlar la volatilidad del mercado, monitorear los cambios regulatorios, comprender los riesgos tecnológicos y poner en práctica procedimientos de diversificación y diligencia debida. Además, la inversión exitosa en criptomonedas requiere reevaluar constantemente los riesgos, mantener una perspectiva a largo plazo y adaptarse a las condiciones cambiantes del mercado. Los inversores pueden reducir los riesgos potenciales y beneficiarse del potencial disruptivo de las criptomonedas y la tecnología blockchain mediante la adopción de un enfoque sistemático para la gestión de riesgos.

CAPÍTULO X

El Futuro de Bitcoin y Finanzas Descentralizadas

Tendencias e Innovaciones en Bitcoin y DeFi

Al utilizar la tecnología blockchain para abrir nuevas vías de transferencia de valor, aplicaciones financieras y empoderamiento económico, Bitcoin y Finanzas Descentralizadas (DeFi) han transformado el panorama financiero. Esta sección examina los avances en Bitcoin y DeFi, haciendo hincapié en sus efectos revolucionarios en las finanzas y en el desarrollo del panorama tecnológico descentralizado. Buscamos ofrecer perspectivas sobre cómo Bitcoin y DeFi están influyendo en el futuro de las finanzas mediante el examen de los avances más recientes, nuevas tendencias y soluciones creativas.

La criptomoneda original, Bitcoin, ha evolucionado y madurado con el tiempo, fortaleciendo su posición como una reserva digital de valor y un resguardo contra los sistemas financieros establecidos.

El creciente respaldo institucional de Bitcoin es una tendencia destacada en esta área. Bitcoin está siendo reconocido por instituciones financieras establecidas, empresas y gestores de activos como un activo de inversión respetable y un posible refugio contra la inflación. El mercado de Bitcoin se vuelve más líquido, estable y creíble gracias a la adopción institucional, lo que también facilita su incorporación a los sistemas financieros establecidos.

El ascenso de Bitcoin como activo de reserva es otro desarrollo importante. Grandes instituciones están incluyendo Bitcoin como una reserva de valor a largo plazo en sus balances, incluyendo empresas con acciones cotizadas en bolsa y fondos de cobertura. Bitcoin es una alternativa convincente a activos de reserva tradicionales como el oro y las monedas fiduciarias debido a su oferta limitada, su estructura descentralizada y su resistencia a la inflación. Este desarrollo refuerza la posición de Bitcoin como oro digital y su reputación como una reserva de valor confiable.

Las soluciones de capa 2 están ganando importancia como respuesta a los problemas de escalabilidad de Bitcoin. Al utilizar canales fuera de la cadena, protocolos de capa 2 como la Red Lightning permiten transacciones más rápidas y menos costosas. Estas soluciones aumentan la escalabilidad de Bitcoin al tiempo que preservan la seguridad y descentralización subyacentes de la cadena de bloques. Las soluciones de capa 2 ayudan a fomentar la inclusión financiera al promover el uso de Bitcoin para transacciones regulares.

Las Finanzas Descentralizadas (DeFi), que redefine los sistemas financieros convencionales y democratiza el acceso a los servicios financieros, se ha convertido rápidamente en una fuerza disruptiva.

DeFi ha abierto la posibilidad de la tokenización, permitiendo la representación de una amplia variedad de activos en la cadena de bloques. La tokenización brinda nuevas oportunidades de inversión, liquidez y propiedad fraccionada para activos previamente ilíquidos como bienes raíces, obras de arte y hasta propiedad intelectual. Esta tendencia aumenta las oportunidades para que las personas diversifiquen sus carteras al democratizar el acceso a clases de activos que antes solo estaban disponibles para inversores institucionales.

Las DEX, o intercambios descentralizados, están liderando la innovación en DeFi. Estas plataformas permiten a las personas intercambiar activos digitales directamente entre sí sin intermediarios, brindando a los usuarios más seguridad, privacidad y control. Además, las DEX facilitan el acceso a diversas criptomonedas, posibilitando intercambios de tokens sencillos y promoviendo la liquidez en numerosos mercados. Con las DEX volviéndose cada vez más populares, el ecosistema financiero se vuelve más inclusivo y descentralizado.

Dentro de DeFi, la agricultura de rendimiento y la creación automatizada de mercados se han vuelto más populares. Al proporcionar liquidez a protocolos DeFi como plataformas de préstamos o intercambios descentralizados, la agricultura de rendimiento permite a los usuarios obtener ganancias. Al preservar los fondos de liquidez y permitir intercambios instantáneos de activos, los algoritmos de creación automatizada de mercados facilitan el comercio efectivo de tokens. Dentro del ecosistema DeFi, estas tendencias fomentan la liquidez, mejoran la eficacia del mercado y brindan a las personas nuevas oportunidades para generar ingresos pasivos.

Una tendencia significativa que conecta las ventajas de ambos ecosistemas y abre nuevas vías para la innovación financiera es la convergencia de Bitcoin y DeFi.

El Bitcoin envuelto (WBTC) se ha convertido en una ilustración conocida de cómo Bitcoin y DeFi están convergiendo. Con la ayuda de WBTC, los usuarios pueden tokenizar Bitcoin en la cadena de bloques de Ethereum y participar en aplicaciones DeFi. Además, los protocolos de interoperabilidad y los puentes entre cadenas hacen posible que Bitcoin se mueva sin esfuerzo entre varias redes de cadenas de bloques, aumentando su utilidad y funcionalidad dentro del amplio ecosistema DeFi.

Otro desarrollo es la incorporación de Bitcoin en los protocolos de DeFi para préstamos y préstamos. Los propietarios de Bitcoin pueden utilizarlos como garantía para acceder a préstamos o prestarlos a prestatarios a cambio de intereses. A través de esta integración, los propietarios de Bitcoin pueden desbloquear el valor de sus tenencias y, al mismo tiempo, conservar la propiedad y cosechar las recompensas de cualquier crecimiento futuro de valor. Además, se añade la liquidez de Bitcoin al mercado de préstamos DeFi, fortaleciendo y diversificando el sistema financiero.

Los oráculos descentralizados, que proporcionan a los contratos inteligentes acceso a datos del mundo real, están investigando formas de incorporar feeds de precios de Bitcoin en programas DeFi. Al utilizar el valor y la liquidez de Bitcoin, esta integración hace posible desarrollar productos financieros respaldados por la criptomoneda, como derivados descentralizados o seguros descentralizados. La composabilidad y adaptabilidad de los protocolos DeFi se mejoran aún más mediante la incorporación de datos de precios de Bitcoin.

Aunque Bitcoin y DeFi están a la vanguardia de la innovación financiera, aún existen una serie de dificultades y oportunidades.

Tanto Bitcoin como DeFi siguen lidiando con la escalabilidad. Las tecnologías subyacentes de la cadena de bloques deben escalar a medida que aumenta la adopción para manejar el creciente volumen de transacciones sin comprometer la seguridad o la descentralización. Para que ambos ecosistemas continúen creciendo y brindando una experiencia positiva al usuario, son esenciales mejoras en soluciones de Capa 2, sharding y otras soluciones de escalabilidad.

El entorno regulatorio relacionado con Bitcoin y DeFi está cambiando y ofrece tanto oportunidades como desafíos. Regulaciones claras y beneficiosas pueden fomentar la innovación, atraer a inversores institucionales y aumentar la adopción entre el público en general. Sin embargo, los riesgos para la industria provienen de posibles requisitos de cumplimiento y de incertidumbres regulatorias. Para lograr un equilibrio entre la innovación, la protección al consumidor y el cumplimiento normativo, los participantes de la industria, los reguladores y los responsables políticos deben trabajar juntos.

Para que Bitcoin y DeFi continúen desarrollándose, diversas redes de cadenas de bloques deben ser capaces de comunicarse entre sí, y los protocolos y estándares de tokens deben estandarizarse. La transferencia fluida de recursos y datos entre las redes abrirá nuevas oportunidades para la innovación y el trabajo en equipo. Un ecosistema financiero más conectado y efectivo resultará de los esfuerzos para crear estándares de la industria y marcos de interoperabilidad.

Bitcoin y DeFi están proporcionando nuevas oportunidades para la transferencia de valor, la inversión y la inclusión financiera, transformando la industria financiera. El futuro de las finanzas está siendo moldeado por tendencias e innovaciones en Bitcoin y DeFi, como la adopción institucional, soluciones de Capa 2, tokenización, intercambios descentralizados y la convergencia de Bitcoin y DeFi.

Aunque existen dificultades, como la interoperabilidad, la complejidad regulatoria y la escalabilidad, estas tecnologías ofrecen enormes oportunidades. Bitcoin y DeFi tienen el potencial de transformar los sistemas financieros convencionales, empoderar a las personas en todo el mundo y construir un ecosistema financiero más inclusivo y efectivo al abrazar tendencias y perseguir la innovación.

El papel de la regulación

La aparición de criptomonedas y la tecnología blockchain ha presentado a reguladores y responsables políticos un conjunto único de oportunidades y desafíos. Debido a que busca lograr un equilibrio entre fomentar la innovación, proteger a los inversores y mantener la estabilidad financiera, la regulación desempeña un papel crucial en el panorama cripto. El papel multifacético de la regulación en la industria de las criptomonedas se explora en esta sección, junto con sus efectos en la protección de los inversores, la integridad del mercado, la innovación y el ecosistema financiero en general. Podemos navegar el entorno regulatorio cambiante y garantizar el crecimiento sostenible de la industria cripto al ser conscientes de las dificultades, ventajas y enfoques potenciales para la regulación.

Proteger a los inversores y preservar la integridad del mercado son dos de los objetivos principales de la regulación en la industria de las criptomonedas. La naturaleza descentralizada e internacional de las criptomonedas introduce riesgos especiales, como el fraude, la manipulación del mercado y estafas. La regulación tiene como objetivo reducir estos riesgos estableciendo prácticas de mercado abiertas, haciendo cumplir los requisitos de conozca a su cliente (KYC) y prevención del lavado de dinero (AML), y ofreciendo a los inversores recursos legales en caso de irregularidades.

Las empresas que operan con criptomonedas, como intercambios, billeteras y fondos de inversión, a menudo están obligadas por marcos regulatorios a registrarse ante las autoridades pertinentes y obtener licencias. Este procedimiento ayuda a garantizar que estas organizaciones cumplan con un conjunto de normas, como precauciones de seguridad, requisitos de capital y cumplimiento de leyes contra el fraude y protección al consumidor. La obtención de licencias y el registro añaden una capa de regulación, lo que disminuye la posibilidad de fraude y aumenta la confianza en el mercado.

Las regulaciones suelen requerir que los proyectos cripto divulguen información sobre sus estados financieros, operaciones comerciales y detalles del proyecto. Los inversores pueden evaluar la legitimidad y los riesgos potenciales de las inversiones gracias a esta transparencia y tomar decisiones informadas. Además, los mandatos de informes y auditorías rutinarias pueden ayudar a suprimir el engaño y el fraude.

La regulación debe equilibrar la protección al inversor con la promoción de la innovación en el sector de las criptomonedas. Los avances tecnológicos pueden ser frenados por una regulación excesiva o demasiado restrictiva, lo que también puede obstaculizar emprendimientos empresariales y llevar proyectos innovadores a jurisdicciones con entornos regulatorios más tolerantes. Por lo tanto, los reguladores deben adoptar una estrategia futurista que fomente la innovación al tiempo que reduce los riesgos.

Iniciativas como los "sandbox" regulatorios y programas piloto permiten que startups y proyectos de criptomonedas funcionen en un entorno regulado bajo supervisión regulatoria. Gracias a estos programas, los reguladores pueden observar y comprender las tecnologías emergentes, brindando a las startups la libertad de experimentar con sus ideas. Los "sandbox" regulatorios fomentan la innovación al dar a las startups la oportunidad de probar sus ideas, recibir retroalimentación y mejorar sus productos mientras colaboran con los reguladores.

La creación de marcos regulatorios eficientes requiere cooperación entre reguladores, empresarios y otros interesados. Los reguladores pueden entender mejor la dinámica del mercado, mantenerse al día con los avances tecnológicos y crear regulaciones que encuentren el equilibrio adecuado entre la protección al inversor y la innovación al interactuar con la comunidad cripto, consultar a expertos de la industria y establecer líneas abiertas de comunicación.

Los reguladores deben trabajar para asegurar la estabilidad financiera dada la rápida expansión de la industria cripto y los posibles riesgos sistémicos. La tecnología blockchain y las criptomonedas tienen el potencial de perturbar los sistemas financieros establecidos, por lo que los reguladores deben vigilar y controlar cualquier riesgo para garantizar la estabilidad.

Los reguladores son esenciales para llevar a cabo evaluaciones de riesgos y vigilar el mercado de criptomonedas para detectar posibles vulnerabilidades y riesgos sistémicos. Una comprensión profunda del impacto del ecosistema cripto en la estabilidad financiera puede facilitarse mediante una estrecha cooperación con otras autoridades financieras, como bancos centrales y reguladores prudenciales. Los reguladores pueden implementar medidas preventivas para mitigar riesgos, como requisitos de capital, límites de apalancamiento o pruebas de estrés, como resultado de evaluaciones de riesgos y monitoreo continuo.

Los reguladores pueden imponer controles como límites de posición, interruptores de circuito o restricciones comerciales durante períodos de extrema volatilidad del mercado para reducir los riesgos sistémicos. Estas acciones buscan preservar la integridad del mercado, proteger a los inversores y evitar interrupciones en el mercado. Los reguladores también pueden exigir que las instituciones financieras, como los intercambios de criptomonedas, tengan sistemas sólidos de gestión de riesgos, reservas de capital y planes de contingencia en caso de emergencias.

Para asegurar un campo de juego equitativo, reducir el arbitraje regulatorio y fomentar la cooperación global, la coordinación transfronteriza y la armonización de las regulaciones son esenciales. Esto se debe a que las criptomonedas son un fenómeno global. Trabajando juntos, los reguladores pueden abordar problemas como el fraude transfronterizo, el financiamiento del terrorismo y el lavado de dinero.

La adopción de estándares y mejores prácticas globales puede llevar a la armonización regulatoria. Para mejorar la coherencia y cooperación regulatoria a nivel mundial, grupos como el Grupo de Acción Financiera (GAFI) y la Organización Internacional de Comisiones de Valores (OICV) desarrollan pautas y recomendaciones. Respetar estos estándares puede promover la cooperación global y reducir la fragmentación regulatoria.

Los marcos para el reconocimiento regulatorio y la cooperación entre jurisdicciones pueden simplificar las operaciones comerciales internacionales, fomentar la innovación y mejorar la protección al inversor. Las empresas pueden operar en múltiples jurisdicciones cumpliendo con las regulaciones pertinentes gracias a acuerdos de reconocimiento mutuo, programas de pasaportes e iniciativas de intercambio de información regulatoria. Estos marcos promueven la cooperación regulatoria y reducen las cargas comerciales de cumplimiento redundante.

Al proteger a los inversores, garantizar la integridad del mercado, fomentar la innovación y mantener la estabilidad financiera, la regulación desempeña un papel crucial en la definición del panorama cripto. Para aprovechar completamente el potencial de las criptomonedas y la tecnología blockchain, se debe encontrar el equilibrio adecuado entre la regulación y la innovación. Los reguladores deben adoptar una postura progresista, trabajar con los actores de la industria y utilizar marcos regulatorios adaptables para abordar riesgos y promover la innovación. Los reguladores pueden lograr esto fomentando un entorno que impulse la innovación ética, proteja a los inversores y permita que la industria cripto crezca de manera sostenible.

El Potencial Futuro de las Finanzas Descentralizadas

La Finanzas Descentralizadas (DeFi), que reimagina los sistemas financieros convencionales y democratiza el acceso a servicios financieros, se ha convertido rápidamente en una fuerza disruptiva. DeFi tiene el potencial de transformar varios aspectos del panorama financiero a medida que se desarrolla y gana popularidad. El impacto potencial de DeFi en las finanzas tradicionales, la inclusión económica, las remesas internacionales y las implicaciones más amplias para la soberanía financiera se exploran en esta sección. Podemos entender el potencial transformador de la revolución DeFi y su papel en influir en el futuro de las finanzas al imaginar sus posibilidades y dificultades.

Al introducir soluciones creativas y cuestionar las normas aceptadas de la banca y el préstamo, DeFi tiene el potencial de transformar por completo las finanzas convencionales.

Los protocolos DeFi permiten la comunicación directa de igual a igual sin necesidad de intermediarios como bancos u organizaciones de préstamos. Los contratos inteligentes posibilitan transacciones eficientes y confiables, reduciendo costos y eliminando la necesidad de intermediarios. A través del acceso directo a servicios financieros, las personas pueden eludir a los guardianes establecidos y obtener más control sobre sus vidas financieras como resultado de la desintermediación.

Plataformas descentralizadas de préstamos, intercambios descentralizados (DEX) y mercados de derivados pueden desarrollarse utilizando DeFi debido a su programabilidad. Estos dispositivos funcionan por sí mismos y sin ayuda de un humano siguiendo reglas predefinidas. Los instrumentos financieros automatizados mejoran la accesibilidad, eficiencia y transparencia, al tiempo que permiten que personas comunes participen en actividades financieras complejas que antes solo estaban disponibles para inversores institucionales.

Una de las mayores promesas de DeFi es su potencial para avanzar en la inclusión económica y transformar el sector de las remesas.

DeFi brinda acceso a servicios financieros a personas no bancarizadas y subbancarizadas en todo el mundo. Las personas pueden acceder a protocolos DeFi, crear billeteras y realizar transacciones financieras utilizando un teléfono inteligente y una conexión a Internet sin depender de la infraestructura bancaria convencional. Esta inclusividad puede promover el desarrollo económico, mejorar los medios de vida y permitir que las personas participen en la economía global.

Altas tarifas, tiempos de procesamiento prolongados y accesibilidad limitada son problemas que enfrenta el sector de remesas actual. DeFi proporciona una alternativa revolucionaria al permitir transacciones transfronterizas rápidas y económicas. Sin utilizar canales de remesas convencionales, las personas pueden enviar y recibir dinero internacionalmente utilizando stablecoins e intercambios descentralizados. Este procedimiento simplificado podría revolucionar la industria de remesas, lo que sería beneficioso tanto para las personas como para las empresas.

DeFi brinda a las personas un mayor control sobre sus recursos financieros, privacidad y toma de decisiones, lo que las empodera.

El modelo de auto custodia ofrecido por DeFi permite a los usuarios gestionar sus activos directamente sin la asistencia de custodios externos. Las personas reducen el riesgo de contraparte y la probabilidad de pérdida o mal manejo de activos al mantener sus claves privadas. Este modelo de auto custodia mejora la independencia financiera, la privacidad personal y la defensa contra el decomiso de activos.

Debido a la falta de límites geográficos en DeFi, ahora cualquier persona en el mundo puede acceder a oportunidades de inversión globales que antes solo estaban disponibles para inversores acreditados o en ciertas áreas geográficas. Las personas pueden comerciar con una variedad de activos, incluidas criptomonedas, tokens que representan activos físicos e incluso la propiedad fraccionada de activos valiosos como arte o bienes raíces, a través de intercambios descentralizados. Las personas ahora pueden diversificar sus carteras y posiblemente obtener beneficios de mercados emergentes y proyectos innovadores gracias a la democratización de las oportunidades de inversión.

DeFi tiene un futuro prometedor, pero para alcanzar su máximo potencial, es necesario tener en cuenta varios problemas y factores.

Los protocolos DeFi actualmente enfrentan problemas de escalabilidad, lo que limita su usabilidad debido a la congestión de la red y los altos precios de gas. Es fundamental mejorar las soluciones de escalabilidad, como las tecnologías de Capa 2 y los protocolos de interoperabilidad, para respaldar a más usuarios y mejorar la experiencia del usuario. Para una adopción generalizada, las interfaces amigables para el usuario y diseños claros también son cruciales.

El entorno regulatorio de DeFi aún está cambiando y la incertidumbre regulatoria sigue siendo difícil. Para promover la expansión de DeFi mientras se garantiza la protección al consumidor, se previene la actividad ilegal y se abordan los riesgos sistémicos, es esencial encontrar el equilibrio adecuado entre la innovación y el cumplimiento regulatorio. Para crear marcos regulatorios transparentes y flexibles, se requiere la cooperación entre reguladores, líderes empresariales y responsables políticos.

Los protocolos DeFi son susceptibles a riesgos de seguridad como la manipulación de oráculos, errores en contratos inteligentes e intentos de hackeo. Para reducir estos riesgos, es crucial realizar auditorías de seguridad periódicas, revisiones exhaustivas de código y seguir las mejores prácticas de la industria. Además, procedimientos de auditoría confiables pueden aumentar la confianza del usuario al asegurar la seguridad e integridad de los protocolos DeFi.

El potencial transformador de DeFi promete redefinir las finanzas tradicionales, avanzar en la inclusión económica, simplificar las remesas internacionales y brindar a las personas una mayor autonomía financiera. DeFi tiene el potencial de cambiar por completo cómo interactuamos con el dinero y los servicios financieros al eliminar los intermediarios en los sistemas financieros tradicionales, permitir transacciones de igual a igual y abrir el acceso a instrumentos financieros innovadores. Pero para que DeFi crezca de manera sostenible, debe abordar problemas de escalabilidad, navegar el entorno regulatorio y priorizar la seguridad. Podemos realizar el pleno potencial de DeFi y construir un futuro donde las oportunidades financieras estén disponibles para todos, empoderando a personas y comunidades en todo el mundo, al abrazar estas consideraciones, fomentar la colaboración y encontrar el equilibrio ideal entre la innovación y la regulación.

Conclusión

Resumen de Puntos Clave

En este libro electrónico, hemos explorado diversas facetas de Bitcoin y Finanzas Descentralizadas (DeFi), así como cómo podrían transformar el panorama financiero. Resumiremos las ideas principales cubiertas en este repaso y destacaremos las lecciones importantes aprendidas de nuestra exploración de estas tecnologías innovadoras. Podemos comprender la importancia de Bitcoin y DeFi en la revolución financiera, fomentando la inclusión económica, promoviendo la soberanía financiera y empoderando a personas de todo el mundo al revisitar los temas clave y las perspicacias.

Bitcoin: Una Revolución Digital

La primera criptomoneda, Bitcoin, ha desencadenado una revolución digital desafiando las estructuras financieras establecidas e introduciendo nuevas ideas para el intercambio de valor, el almacenamiento de valor y la independencia financiera.

- La estructura descentralizada y la oferta limitada de Bitcoin lo convierten en una alternativa viable al dinero fiduciario convencional, permitiendo a los usuarios almacenar y enviar dinero sin depender de instituciones centralizadas.

- Los inversores institucionales han mostrado interés en Bitcoin como resultado de su surgimiento como una forma de oro digital y una cobertura contra la inflación, demostrando el potencial de la moneda como una reserva de valor a largo plazo.

- Las soluciones de Capa 2, como la Lightning Network, están abordando problemas de escalabilidad y mejorando la usabilidad y accesibilidad de Bitcoin para transacciones regulares.

- La integración de Bitcoin en el ecosistema financiero más amplio, como el préstamo y préstamo DeFi, la tokenización y los puentes entre cadenas, está aumentando su utilidad y fortaleciendo su influencia en la dirección de las finanzas.

Finanzas Descentralizadas (DeFi): Desbloqueando la Libertad Financiera

Al redefinir los sistemas financieros convencionales y democratizar el acceso a los servicios financieros, DeFi ha surgido como una fuerza disruptiva. A continuación, se presentan las ideas principales que cubrimos en nuestra investigación de DeFi:

- Los protocolos DeFi permiten el préstamo de igual a igual al eliminar intermediarios y permitir que las personas accedan directamente a servicios financieros, brindándoles un mayor control sobre sus vidas financieras.

- Los instrumentos financieros programables impulsados por contratos inteligentes automatizan actividades financieras complejas, permitiendo operaciones transparentes y efectivas, al tiempo que amplían el acceso a herramientas financieras avanzadas.

- DeFi fomenta el crecimiento económico y la participación en la economía global al ofrecer servicios financieros a poblaciones no bancarizadas y subbancarizadas.

- Facilitando transacciones transfronterizas rentables, la optimización de las remesas internacionales por parte de DeFi beneficia tanto a individuos como a empresas al reducir tarifas, acelerar transacciones y aumentar la accesibilidad.

Soberanía Financiera y Empoderamiento

Bitcoin y DeFi brindan a las personas más control financiero y libertad, permitiéndoles gestionar sus activos, proteger su privacidad y aprovechar oportunidades de inversión internacionales.

- Al dar a las personas propiedad y control completos sobre sus activos mediante el uso de claves privadas, la auto custodia reduce los riesgos de contraparte y fomenta la independencia financiera.

- El acceso a oportunidades de inversión internacionales a través de intercambios descentralizados y tokenización posibilita la expansión de oportunidades de inversión y la capacidad de diversificar carteras.

- La naturaleza sin fronteras de Bitcoin y DeFi permite el acceso a oportunidades y servicios financieros independientemente de la ubicación o el estatus socioeconómico de una persona.

Superando Desafíos y Abrazando el Futuro

A pesar de que Bitcoin y DeFi tienen mucho potencial, aún hay muchos desafíos que deben resolverse antes de que su potencial transformador pueda realizarse completamente.

- La escalabilidad sigue siendo un obstáculo importante tanto para los protocolos de Bitcoin como para DeFi, por lo que es esencial desarrollar soluciones escalables como tecnologías de Capa 2 y protocolos de interoperabilidad.

- El entorno regulatorio relacionado con Bitcoin y DeFi está cambiando, y es crucial encontrar el equilibrio adecuado entre la innovación y la regulación para garantizar la protección del consumidor, la integridad del mercado y la estabilidad financiera.

• En el sector de las criptomonedas, los procedimientos de seguridad y auditoría son esenciales para salvaguardar los activos de los usuarios, mantener la confianza y prevenir vulnerabilidades como errores en contratos inteligentes e intentos de hackeo.

En conclusión, Bitcoin y las Finanzas Descentralizadas (DeFi) están remodelando los sistemas financieros tradicionales, fomentando la inclusión económica, avanzando en la soberanía financiera y empoderando a personas en todo el mundo. La interrupción de los sistemas financieros convencionales por parte de DeFi y la emergencia de Bitcoin como una revolución digital destacan el enorme potencial de estas tecnologías. Podemos superar obstáculos y realizar el pleno potencial de Bitcoin y DeFi al adoptar soluciones de escalabilidad, navegar el entorno regulatorio y priorizar la seguridad. Podemos apreciar la importancia de estas tecnologías en la revolución financiera y en la creación de bases para un ecosistema financiero más inclusivo, efectivo y empoderado al comprender las ideas clave planteadas en esta sección.

La Importancia a Largo Plazo de Bitcoin y DeFi

Presentando nuevas oportunidades para la transferencia de valor, la inclusión financiera y el empoderamiento económico, Bitcoin y las Finanzas Descentralizadas (DeFi) han surgido como fuerzas transformadoras en el panorama financiero. La importancia a largo plazo de Bitcoin y DeFi se discutirá en esta sección, junto con cómo pueden afectar la adopción institucional, las remesas internacionales, la soberanía financiera y las tendencias financieras más generales. Podemos apreciar el potencial transformador de estas tecnologías innovadoras y prever el futuro que están creando al comprender sus efectos a largo plazo.

Con la capacidad de tomar el control de sus activos, proteger su privacidad y participar en la economía global según sus propios términos, Bitcoin y DeFi brindan a las personas una soberanía financiera y un empoderamiento sin precedentes.

Las claves privadas en el modelo de auto custodia de Bitcoin brindan a los usuarios una propiedad y control completos sobre sus activos digitales. Las personas pueden proteger su riqueza y reducir los riesgos de contraparte al eliminar la necesidad de intermediarios. Esta auto custodia permite a las personas realizar transacciones libremente, proteger su privacidad financiera y resguardar sus activos contra embargos o censuras.

DeFi tiene el potencial de avanzar en la inclusión financiera a escala global porque se basa en protocolos abiertos y sin permisos. Las personas de regiones desatendidas pueden acceder a servicios financieros utilizando plataformas descentralizadas, que eliminan las barreras de entrada tradicionales. Cualquier persona con conexión a internet puede participar en préstamos, endeudamiento, comercio e inversión a través de DeFi debido a su naturaleza sin fronteras, lo que promueve el empoderamiento económico y reduce la brecha de riqueza.

Altos costos de transacción, largos tiempos de procesamiento y accesibilidad limitada son problemas en el sector de remesas convencional. Al optimizar las transferencias internacionales y reducir obstáculos para las transacciones transfronterizas, Bitcoin y DeFi ofrecen una solución revolucionaria.

Las transacciones sin fronteras son posibles gracias a la naturaleza descentralizada de Bitcoin y una infraestructura que no está centralizada. Las personas pueden enviar y recibir dinero internacionalmente con bajos costos y menos dependencia de intermediarios utilizando stablecoins e intercambios descentralizados. Este procedimiento simplificado empodera tanto a individuos como a empresas, abriendo oportunidades comerciales y fomentando el comercio global.

Las poblaciones no bancarizadas y subbancarizadas tienen una forma alternativa de acceder a servicios financieros gracias a las plataformas de préstamo y endeudamiento de igual a igual de DeFi. Los protocolos DeFi eliminan la necesidad de la infraestructura bancaria convencional al conectar directamente a prestamistas y prestatarios. Personas que han sido excluidas del sistema bancario formal ahora tienen acceso a crédito y capital, lo que les permite iniciar sus propios negocios, financiar la educación de sus hijos o hacer frente a necesidades financieras urgentes.

El panorama financiero tradicional está cambiando debido a la creciente adopción institucional de Bitcoin y al potencial disruptivo de DeFi, lo que acelera la adopción de activos digitales en las finanzas tradicionales.

Bitcoin está siendo aceptado por inversores institucionales como un activo de inversión confiable y cobertura contra la inflación. Bitcoin está recibiendo financiamiento significativo de empresas cotizadas en bolsa, fondos de cobertura y gestores de activos que lo están incorporando a sus carteras como una diversificación y reserva de valor. Esta adopción institucional otorga legitimidad a Bitcoin y consolida su estatus como una clase de activo común.

Las instituciones financieras tradicionales están prestando atención a los instrumentos financieros programables y las capacidades de contratos inteligentes de DeFi. Las soluciones DeFi se incorporan más fácilmente a los sistemas financieros convencionales gracias a las asociaciones emergentes entre los protocolos DeFi y las instituciones financieras heredadas. Esta combinación de finanzas tradicionales y DeFi tiene el potencial de mejorar la eficiencia, simplificar procesos y brindar a las personas un mayor acceso a servicios y productos financieros innovadores.

A pesar de las enormes oportunidades que ofrecen Bitcoin y DeFi, aún existen varios desafíos que deben resolverse antes de comprender su pleno potencial.

Para los protocolos de Bitcoin y DeFi, la escalabilidad sigue siendo un obstáculo importante. Las tecnologías subyacentes de la cadena de bloques deben escalar a medida que aumenta la adopción para manejar volúmenes de transacciones en aumento sin comprometer la seguridad o la descentralización. Para aumentar la escalabilidad y mejorar la experiencia del usuario, son esenciales las innovaciones en soluciones de Capa 2, fragmentación y protocolos de interoperabilidad.

El entorno regulatorio de DeFi y Bitcoin aún está en desarrollo. Para equilibrar la innovación, la protección del inversor y la estabilidad sistémica, los marcos regulatorios deben ser transparentes y flexibles. Para crear un entorno que fomente la innovación responsable y reduzca los riesgos, la cooperación entre los participantes de la industria, los reguladores y los formuladores de políticas es crucial.

Las iniciativas de educación y incorporación de usuarios deben tener prioridad para comprender la importancia a largo plazo de Bitcoin y DeFi. Aumentar el conocimiento de las personas sobre las ventajas, peligros y usos del mundo real de estas tecnologías les permitirá navegar por el cambiante panorama financiero y tomar decisiones sabias. La adopción aumentará y las experiencias de los usuarios mejorarán gracias a interfaces amigables, diseños intuitivos y recursos educativos.

El futuro de las finanzas está representado por Bitcoin y DeFi, que redefinen los sistemas convencionales, fomentan la autonomía financiera y promueven el empoderamiento económico a escala global. El potencial de Bitcoin y DeFi para transformar el panorama financiero, mejorar la inclusión financiera, simplificar las remesas internacionales, promover la adopción institucional e integrarse con las finanzas convencionales es donde radica su importancia a largo plazo. Desbloquear su máximo potencial dependerá de abordar problemas de escalabilidad, navegar el entorno regulatorio y dar prioridad a la incorporación de usuarios y la educación. Podemos lograr un futuro en el que las personas tengan más control sobre sus vidas financieras, acceso a mercados globales y mayores oportunidades económicas, lo que finalmente conducirá a un ecosistema financiero más inclusivo y equitativo, aprovechando estas oportunidades y superando obstáculos.

Gracias por comprar y leer/escuchar nuestro libro. Si encontraste este libro útil, por favor, tómate unos minutos y deja una reseña en la plataforma donde compraste nuestro libro. Tu opinión es de gran importancia para nosotros.

www.ingramcontent.com/pod-product-compliance
Lightning Source LLC
Chambersburg PA
CBHW070803160726
48004CB00001B/303